100 kreative GARTEN PROJEKTE

Einfache Projekte
von Hochbeet bis Herbstkranz

Herausgegeben von Norstedts, Stockholm, (www.norstedts.se)
Originaltitel 100 projekt för trädgarden
© 2014 by Malena Skote und Norstedts, Stockholm
© Deutsche Ausgabe LV·Buch im Landwirtschaftsverlag GmbH, 48084 Münster, 2015

Das Werk einschließlich aller seiner Teile ist urheberrechtlich geschützt. Jede Verwertung außerhalb der engen Grenzen des Urheberrechtsgesetzes ist ohne Zustimmung des Verlages unzulässig und strafbar. Das gilt insbesondere für Vervielfältigungen, Übersetzungen und die Einspeicherung und Verarbeitung in elektronischen Systemen. Die Informationen in diesem Buch wurden nach bestem Wissen zusammengestellt. Alle Empfehlungen sind ohne Gewähr seitens des Autors oder des Verlegers, der für die Verwertung dieser Informationen jede Verantwortung ablehnt.

Übersetzung:	Elke Adams, Köln
Fotos:	Malena Skote
	ausser: Seite 27, Jakob Skote
	Seite 132, Eeva Ovaska
	Seite 144, Martin Skote
Zeichnungen:	Malena Skote
Gestaltung:	Malena Skote
Titelgestaltung:	Nina Eckes (www.nina-eckes.de)

ISBN 978-3-7843-5351-7

100 kreative GARTEN PROJEKTE

Einfache Projekte
von Hochbeet bis Herbstkranz

Inhalt

Vorwort 6

Im Spätwinter 8
   Korb aus Weidenzweigen 10
   Vogelnest 10

Für die Aussaat 13
   Pflanzschilder aus Metall,
   Pflöcken und Kunststoff 14
   Frühbeet 17
   Ein altes Fenster wird zum Frühbeet 18

Für die Vögel 21
   Einfaches Vogelhaus 22
   Vogelbad 24
   Gehäkeltes Vogelhaus 25

Für die Insekten 27
   Verschiedene Insektenhotels 28
   Schmetterlingskasten 30
   Schmetterlingsbar und -restaurant 33

Halt für Pfingstrosen 35
   Pfingstrosenstütze aus Bambus 36
   Pfingstrosenstütze aus Zweigen 37

Aus Moos 38
   Mooskugel 40
   Über Moos 40
   Hängender Moostopf 40

Im Küchenland 43
   Bohnenstangen aus Großmutters Garten 45
   Bohnenhaus 46
   Über Bambus 47
   Anzuchttunnel 48

Zum Klettern 50
   Über Bewehrungseisen 52
   Rankhilfe aus Lochband 54
   Kugel, Herz und Kräuterkranz 56

In Kästen 58
   Faluröd-Farbe 59
   Hochbeet 60
   Einfaches Hochbeet 61
   Kasten mit Zierknöpfen 62
   Kasten mit Handgriffen aus Seil 64

An der Wand 67
   Leinöl 68
   Dänisches Spalier 70

Abschirmung 72
   Flechtzaun 75
   Bewehrungsnetz als Zaun 76
   Pfähle verankern 77
   Zäune 78
   Einfacher Lattenzaun 79

Im Topf 80
   Großer Betonkübel 82
   Hypertufa 84
   Hypertufa-Kübel 86

In der Höhe 88
   Rosenportal à la Calle 90
   Pergola ohne Nägel 92
   Klematis- und Rosenturm 94

Am Boden 96
   Kompost aus Holz mit drei Seiten 98
   Gemauerter Kompost 99

Alte Bäume 102
  Baumstumpfhocker 104
  Hocker aus Holzverschnitt 104

Mosaik 106
  Tischplatte mit Mosaik 107
  Tischplatte aus Beton 110

Am Rande 112
  Kanten aus Torfblöcken 113

Auf dem Sockel 116
  Gemauerter Sockel 118
  Betonsockel 120

Im August 123
  Fantasievolles mit Hasel 126

Wasser 129
  Verkleidung für die Regentonne 130

Bodenbelag 133
  Betonplatten selber gießen 134
  Platten verlegen 137

Recycling 138
  Entwässerungslöcher herstellen 140

Warm anziehen 142
  Gehäkelter Überkorb aus Schnur 145
  Blumige Schubkarre 146

Vor dem Winter 148
  Vogelfutterkorb 150
  Drei Kleiderbügel, drei Kränze 151
  Kerzenleuchter 152
  Halter aus Beton für große Teelichter 153

Vorwort

Das Gartenjahr ist voll mit Eindrücken und Sinneserfahrungen. Das Aussäen der kleinen Salatsamen in den Boden, der nach Frühling duftet, das Markieren der Reihen mit schönen, handgemachten Pflanzschildern und das Brummen der ersten Hummel. Oder ein langsamer Spaziergang durch das Rosenportal, wenn die „Honigrose", Rosa helenae, ihre duftenden, hellgelben Blüten entfaltet hat. Das Beobachten der Vögel, wie sie die Talgkugeln wieder fleißig besuchen, wenn es doch noch einmal geschneit hat.

Mein Garten ist ein Universum von Farben, Formen und Düften. Er ist aber auch meine Werkstatt und mein Spielplatz. Hier kann ich meinen Händen nach Lust und Laune freies Spiel lassen. Vogelhäuschen, Rankhilfen, Blumenkästen – alles kann mit einfachen Mitteln hergestellt werden. Durch diese individuellen, handgemachten Dinge wird der Garten noch schöner. Und damit kann ich bei Bienen, Schmetterlingen, Vögeln und anderen Tieren, mit denen ich meinen Garten teile, Punkte sammeln.

Jeder Gartenbesitzer weiß, dass die Zeit oft viel zu kurz ist. Deshalb wurden die Beschreibungen für die Projekte vereinfacht und so wenig Zeitpunkte wie möglich angegeben.

Es handelt sich um eine Art Grundrezepte, die Sie entweder genau befolgen oder von denen Sie sich inspirieren lassen können, um ihr Projekt dann völlig anders zu verwirklichen. Bei der eigenen Kreativität gibt es kein „Richtig" oder „Falsch".

Malena Skote

Im Spätwinter

Kleines Nest aus Weidenzweigen für die ersten Schwertlilien des Frühlings.

Wenn der Schnee den Boden noch bedeckt und die Kälte beißt, ist meine Gartensehnsucht am stärksten. Die Obstbäume sind beschnitten, die Saatgutkataloge ausgelesen. Aber meine Hände möchten sich nützlich machen, sie möchten harken, Samen aussäen und den Garten herrichten. Und der Frühling will und will nicht kommen!

Was könnte ich bis dahin machen? Auf dem Schnee liegen viele gerade Zweige vom Rückschnitt der Weiden, perfekt zum Flechten. Aus diesen Resten flechte ich Körbe für die ersten Stiefmütterchen des Frühlings.

Weidenflechten ist ein uraltes Handwerk, das mit dem neuerwachten Interesse am Garten eine Renaissance erlebt. Weidenzweige sind biegsam und formbar und Weidenobjekte fügen sich harmonisch in den Garten ein. Alternativ kann ein fertiges Gerüst, zum Beispiel ein Lampenschirm, zum Umflechten verwendet werden. Ich nehme große, runde Schirme, die ich auf dem Flohmarkt kaufe. Der Bezug kann leicht entfernt werden. Das weiße Lampengerüst lackiere ich schwarz, sonst scheint es durch die dunklen Weidenzweige zu sehr durch. Meine Lampengerüste tragen kleine Kronen, die zum Ständer des Korbs werden.

Anspruchsvolleres Korbflechten wird in Kursen und Workshops unterrichtet. Einfachere Stücke jedoch kann man ohne Vorkenntnisse herstellen. Sie müssen nicht perfekt sein – Verflechtungen dürfen sein! Ruten zum Flechten sind in den Monaten Dezember und Januar eventuell als Verschnitt bei der Gemeinde oder im Gartenhandel erhalten. Berücksichtigen, dass die Ruten Frischware sind.

Dunkel und abgedeckt gelagert, bleiben sie mehrere Wochen biegsam. Auch andere, biegsame Zweige können verwendet werden, z. B. lange, gerade Wassertriebe von Apfelbäumen.

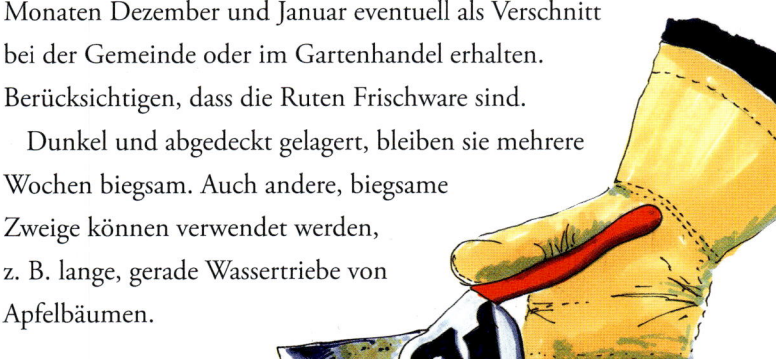

KORB AUS WEIDENZWEIGEN

Material
- runder Lampenschirm
- Farbe für den Außenbereich, Pinsel oder Schwamm
- Weidenzweige oder andere Zweige

Werkzeug
- Astschere
- Kneifzange

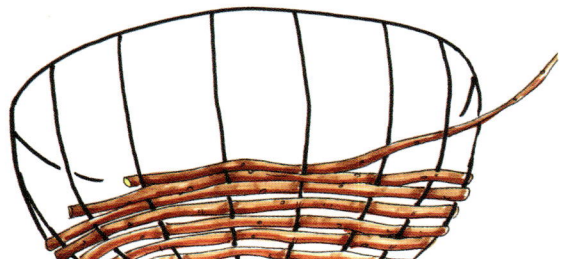

Weidenkörbe passen auch gut zu den farbenfrohen, herbstlichen Chrysanthemen.

ANLEITUNG:

1 Stoff vom Lampenschirm abschneiden und entfernen. Mit der Kneifzange Stege und Fassung für Glühlampen im Schirm entfernen.

2 Das Schirmskelett mit schwarzer Außenfarbe lackieren (wenn es nicht bereits dunkel ist). Es kann einfacher sein, die Farbe mit einem kleinen Schwamm aufzutupfen, statt einen Pinsel zu verwenden.
Trocknen lassen.

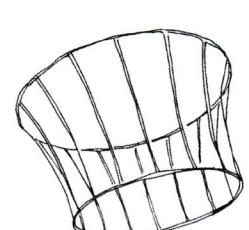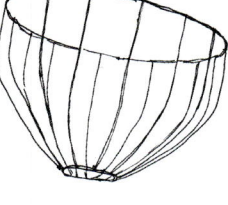

3 Von unten mit Flechten beginnen. Zweige erst mit dem dickeren Ende einstechen und dann über und unter jeden zweiten Steg im Lampenschirm flechten. Zu lange Zweige kürzen.

4 Die Zweige schrumpfen beim Trocknen, deshalb so eng wie möglich flechten, sonst entstehen Lücken. Enden, die herausragen, abschneiden.

Ich setze große Kunststofftöpfe mit Stiefmütterchen in die Körbe. Möchte man direkt in den Korb pflanzen, muss dieser innen erst mit schwarzer Folie ausgekleidet werden. Löcher zum Ablaufen des Gießwassers nicht vergessen!

VOGELNEST
Reisig und Zweige habe ich für die ersten kleinen Veilchen des Frühlings verarbeitet. Zunächst habe ich einen Zweig zum Kreis geformt und dann Zweig für Zweig eingezogen und geflochten. Das Nest ist ein bisschen schief, aber nachdem ich Moos hineingesetzt hatte, etwas Erde und die Pflanzen war ich doch zufrieden.

Für die Aussaat

Schmelzwasser von den Dächern, Lärchengezwitscher und der Duft nach Erde. Endlich Frühling! Endlich werden die Tage länger, die Luft milder und die Fensterbänke sind übervoll mit Frühsaat – Ziertabak, Kapstachelbeere, Mädchenauge und Artischocken. Jedes Jahr begehe ich den gleichen Fehler – ich säe viel zu viel aus! Der Frühling ist so vielversprechend und hoffnungsvoll, ich denke nicht darüber nach, dass all diese Sämlinge nach und nach ins Gewächshaus getragen, pikiert, abgehärtet und ausgepflanzt werden müssen. Werde ich für all das Zeit haben, werde ich im April all das, was ich jetzt anfange, zu Ende bringen können? Wohl kaum. Aber ich habe vor meinem eigenen, gedankenlosen Enthusiasmus kapituliert, schließlich ist ja nur ein Mal im Jahr Frühling. Möge es also sprießen und keimen!

Reicht der Anzuchtkasten nicht aus, nehme ich alle leeren Plastikverpackungen, die ich bekommen kann: Keksschachteln, Eisverpackungen, alles, in das man kleine Sämlinge setzen kann. Schalen mit Deckel, in denen Weintrauben waren, werden zu perfekten kleinen Treibhäusern. Den Deckel entferne ich, wenn die Sämlinge gewachsen sind. So fleißig ich beim Aussäen bin, so schwer fällt es mir, mich zu erinnern, was ich wo ausgesät habe. Schilder und Etiketten sind unverzichtbar geworden. Ich nehme alles, was sich mit einem Markierstift beschriften lässt – Reste von Leisten, Wäscheklammern, Eisstiele und Plastikdeckel.

Wickensämlinge in Toilettenrollen, in einer Eispackung versammelt. Die Etiketten sind aus Plastikdeckeln ausgeschnitten und mit wasserfestem Markierstift gekennzeichnet.

Kennzeichnung mit Etiketten aus Wäscheklammern.

Ein Plastikdeckel an einem Pflock mit einem Bild, das jeder versteht, rettet neu ausgesätes Gras vor dem Zertreten.

Eine durchgeschnittene Plastikflasche hält die Luftfeuchtigkeit für die empfindlichen Basilikumsämlinge in der richtigen Höhe.

Pflanzschilder aus Getränkedosen

Eine leere Getränkedose mit der Schere aufschneiden und ausspülen. Dann Schilder zurechtschneiden, vielleicht mit einer Zackenschere. Pflanzennamen mit Stanze und Hammer einstanzen. Text mit einem Stück Klebeband ausrichten. Mit der Schere zwei Löcher im Blech anbringen und ein Stück groben Stahldraht (Bindedraht) hindurchziehen.

Pflanzschilder aus Blech

Aus Dekoblech (0,5 mm) aus dem Hobbyladen können mit einer Haushaltsschere Schilder in beliebigen Formen ausgeschnitten werden.

Pflanzschilder aus Zweigen

Gerade Zweige der Salweide oder Weide werden zu preiswerten Pflanzschildern. Schreibfläche herausschnitzen und Holz einige Stunden trocknen lassen, beschriften.

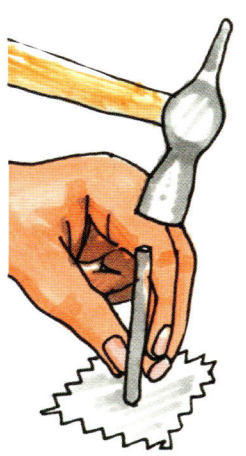 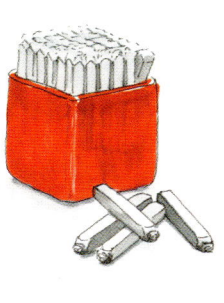 

Stanzbuchstaben aus Metall sind in gut sortierten Bastelgeschäften erhältlich.

PFLANZSCHILDER AUS KUNSTSTOFF

Ausreichend große Stücke aus einem Plastikdeckel einer Eisverpackung oder Keksschachtel ausschneiden, dann von Hand mit einem Markierungsstift beschriften. Die Plastikstücke mit einer Heftpistole an einer Holzleiste oder einem kräftigen Pflanzstab befestigen.

Pflanzschilder, die Saatreihen markieren, sind zum festen Bestandteil meines Küchengartens geworden. Sonst kann es passieren, dass ich die Gemüsepflanzen versehentlich jäte.

Säe ich verschiedene Sorten desselben Gemüses, muss ich die Reihen kennzeichnen, sonst vergesse ich schnell, was ich wo gesät habe. Und vor der nächsten Saison möchte ich doch wissen, welche die beste war!

Frühbeet

Im Küchengarten der Autorin Sanna Töringes stehen zwei große Frühbeete nach Vorbild der berühmten Gartenschule Åbergs in Ystad, Südschweden. Schon im März sät Sanna Radieschen, Salat und Spinat für die frühe Ernte. Dann ist es Zeit für Basilikum, der im Haus aus Samen gezogen wurde, und Gurken-pflanzen. Frühbeete verlängern die Anbauzeit im Küchengarten um mehrere Monate.

Ein Frühbeet kann jede beliebige Form haben. Die Abdeckung muss jedoch durchsichtig sein und nach Süden zeigen. Die einfachsten Frühbeete bestehen aus einem Palettenrahmen mit einer Abdeckung aus einem Rahmen, an den Baufolie geheftet wird.

Glasabdeckungen sind am schönsten, aber auch Stegplatten sind gut geeignet. Stegplatten aus dem Baumarkt sind robuster als Glas, isolieren besser und können durchbohrt werden.

Das Holz eines Frühbeets muss geölt werden, damit es durch den Kontakt mit der feuchten Erde nicht fault. Leinöl ist ein reines Naturprodukt, das keine giftigen Stoffe freisetzt. Am besten ölt man alle Teile des Frühbeets, bevor man es zusammennagelt. Das Leinöl ein paar Stunden einwirken lassen, überschüssiges Öl von der Oberfläche abtrocknen. Die Lappen feucht lagern, damit sie sich nicht selbst entzünden. Mehr über Leinöl erfahren Sie auf Seite 72.

Beet an einen sonnigen Ort stellen, auf die nackte Erde, und mit Mutterboden füllen.

Ein altes Fenster wird zum Frühbeet

Ein altes Fenster kann man als Abdeckung verwenden und den Rahmen nach dessen Maßen tischlern. Ich habe ein Fenster mit 1 x 1 Meter benutzt, es bildet die Grundlage für diese Anleitung.

Material
- Fenster mit Einfachverglasung
- solide Bretter, 21 mm dick und 120 mm breit
- Vierkantholz als Eckpfosten, 45 x 45 mm
- warmverzinkte Nägel

Werkzeug
- Zollstock
- Säge
- Hammer

Anleitung:

1 Ich habe die Eckpfosten ausgemessen und zugeschnitten: 2 St. 360 mm hoch, 2 St. 240 mm hoch.

2 Dann habe ich die Bretter für die Wände des Frühbeets gesägt. In meinem Fall waren es 10 Bretter mit 980 mm Länge. Eines davon habe ich diagonal zersägt.

Eines der Bretter diagonal zu zwei schrägen Brettern zersägen.

3 Das Beet wie auf der Zeichnung gezeigt zusammennageln. Die hervorstehenden Eckpfosten absägen, damit sie dem Fenster nicht im Weg sind.

4 Das Fenster liegt oben auf dem Rahmen, so dass es leicht aufgestellt werden kann, wenn es im Beet warm wird. Das Fenster kann an der hinteren Kante des Beets mit einem Scharnier festgeschraubt werden. Ich kippe das Fenster mit Hilfe eines Holzklotzes.

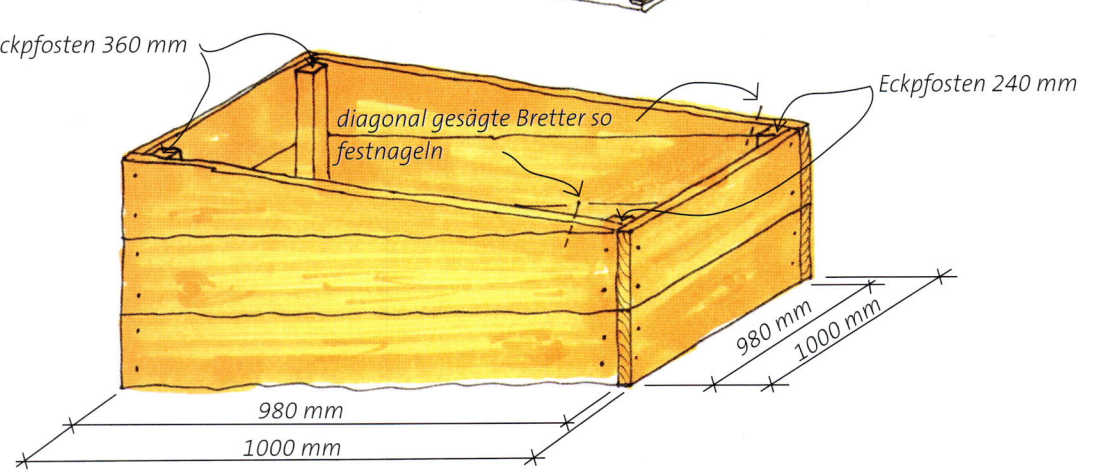

*Kleines Frühbeet mit einem alten Fenster als Abdeckung.
Das Holz ist mit Faluröd-Farbe aus Schweden schwarz lackiert.*

Für die Vögel

Ein zeitiger Frühlingsmorgen mit Vogelgesang und taufeuchtem Gras. Die Buchfinken singen mit herausforderndem Zwitschern und der Grünfink hoch oben in der Pappel klingt wie ein Kanarienvogel. Was gibt es friedlicheres als einen Frühlingsmorgen mit jubelndem Vogelgesang?

Vögel, die Nistkästen nicht mögen, lieben dichtwachsende Büsche wie Schlehdorn, Weißdorn und Liguster für den Nestbau.

Aber der Schein trügt. Was wir als schön und friedlich empfinden, ist in Wirklichkeit ein Kampf um Reviere, Futter, Partner und Wohnraum. Also blutiger Ernst!

Die offene Kulturlandschaft ohne Wälder, gepflegte Einfamilienhaussiedlungen, in denen tote Bäume und Stümpfe schnell entfernt werden, haben bei den Vögeln zu Wohnraummangel geführt. Die Artenvielfalt und Anzahl der Vögel innerhalb der Arten sinken ständig. Wer im Frühling weiter Vogelgesang hören möchte, kann mit dem Aufstellen von Nistkästen helfen. Kohlmeise, Fliegenschnäpper, Blaumeisen, Feldsperling, Sumpfmeise und Stare bauen ihre Nester gern in Nistkästen.

Das Aussehen eines Kastens ist eigentlich beliebig, aber die Größe des Lochs entscheidet, wer ihn bezieht. Die kleinsten Singvögel brauchen ein Loch von etwa drei Zentimetern Durchmesser und eine Bodenfläche von circa 10 x 10 Zentimetern Größe. Stare möchten ein Loch mit 4 bis 5 Zentimetern Durchmesser. Beträgt die Entfernung vom Boden bis zum Einflugloch ca. 15 Zentimeter, haben Katzen und Marder wenig Chancen, mit ihren Pfoten bis an den Boden zu gelangen. Verwenden Sie für den Nistkasten massives Holz oder starkes Sperrholz. Holzfaserplatten, Spanplatten und Pappe ziehen Feuchtigkeit an und werden schnell zerstört.

Der Kasten sollte nicht in der prallen Sonne, sondern lieber auf der wetterabgewandten Seite angebracht werden. Fügen Sie dem Baum keinen Schaden zu, indem Sie den Kasten festnageln. Verwenden Sie stattdessen robuste Kordel, Fahnenschnur oder galvanisierten Stahldraht. Bringen Sie den Nistkasten so früh wie möglich im Frühjahr an. Viele Vögel beginnen bereits Mitte März mit dem Brüten.

Einfaches Vogelhaus

Ein einfaches Vogelhaus kann leicht aus einem einzigen, langen Brett gezimmert werden.

Material
- Brett, 1270 mm lang, gern ungehobelt, ca. 25 mm dick und 150 mm breit.
- warmverzinkte Nägel
- 2 Schrauben
- galvanisierter Stahldraht

Werkzeug
- Zollstock
- Säge
- Bohrmaschine mit Holzbohrer, ca. 30 mm
- Hammer

Anleitung:

1 Die Teile auf dem Brett abmessen und aufzeichnen. Sägen! Eingangsloch einbohren.

2 Seitenteile zusammennageln. Vorder- und Rückseite müssen zwischen den Seitenteilen sitzen. Kleine Lücken zwischen den verschiedenen Holzteilen sind kein Problem. Dann können Feuchtigkeit und Kondenswasser austreten.

3 Die Vorderseite wird nur oben wie auf der Abbildung mit zwei Nägeln seitlich befestigt. Dann funktionieren die Nägel wie Scharniere, damit der Nistkasten zur Reinigung geöffnet werden kann. Vorderseite mit einem umgebogenen Nagel verschließen.

4 Dach aufnageln. Auf dem Dach ein Stück Dachpappe befestigen.

5 Kasten mit grauer oder brauner Fassadenfarbe bemalen, dann hält er länger und verschmilzt mit der Umgebung. Innen muss der Kasten unbehandelt bleiben. Zwei Schrauben als Aufhängung einschrauben.

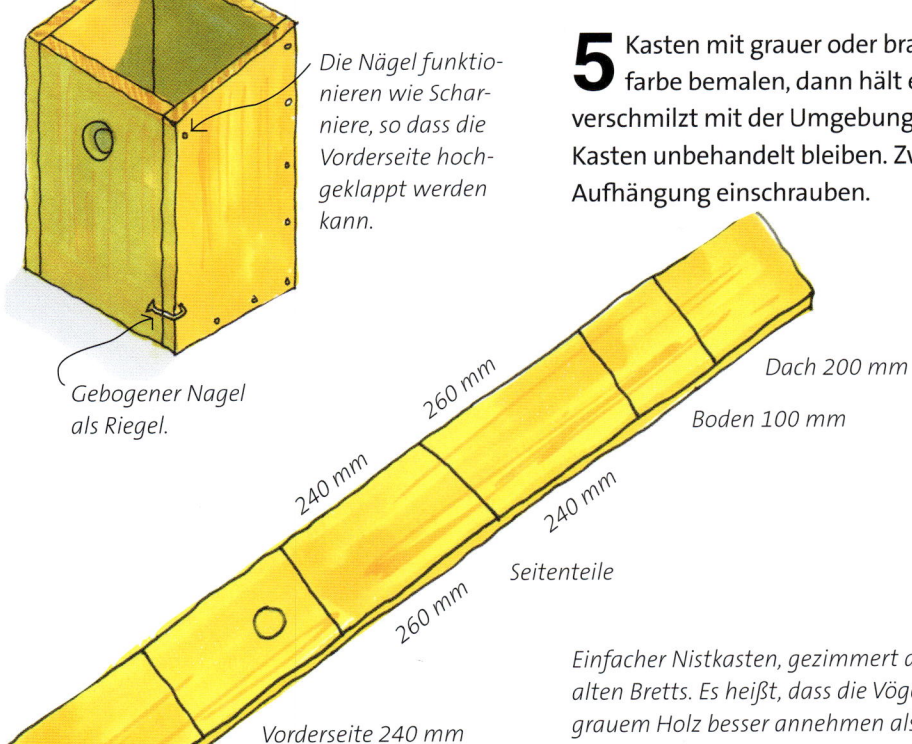

Die Nägel funktionieren wie Scharniere, so dass die Vorderseite hochgeklappt werden kann.

Gebogener Nagel als Riegel.

Dach 200 mm
Boden 100 mm
260 mm
240 mm
240 mm
Seitenteile
260 mm
Vorderseite 240 mm
Rückseite 260 mm

Einfacher Nistkasten, gezimmert aus Stücken eines alten Bretts. Es heißt, dass die Vögel Kästen aus altem, grauem Holz besser annehmen als aus neuem. Der Nistkasten hat einen Regenschutz aus Dachpappe erhalten.

Vogelbad

Viele Singvögel lieben es, zu baden. Ein Vogelbad muss in der Sonne stehen und kann gern einen schrägen Boden haben, so dass die Tiefe variiert. Dann können Vögel unterschiedlicher Größe baden. Ein Vogelbad aus Beton ist leicht selbst gemacht und kann ganzjährig im Freien stehen. Die Mulde im Bad formt man mit einer Schale mit abgerundetem Boden. Die Vögel stehen gern in der Mulde, das Vogelbad also nicht zu tief formen.

Material
- Wanne oder weicher Plastiktopf mit 30 cm Durchmesser
- Schale mit abgerundetem Boden, ca. 25 cm Durchmesser
- Feinbeton

Werkzeug
- Eimer zum Mischen
- kleine Schaufel oder Glättkelle zum Mischen
- Schleifpapier

Anleitung:

1 Einige Liter Feinbeton in den Eimer schütten. Etwas Wasser unter Rühren hinzufügen. Die Betonmischung muss zähflüssig sein, nicht krümelig.

2 Die äußere Form gut zur Hälfte mit Beton füllen. Die Schale 2-3 cm in den Beton eindrücken. Einen Stein auflegen, so dass die Schale nicht aufgetrieben wird oder schräg liegt.

3 Alles mit einer Plastiktüte abdecken und zwei Tage aushärten lassen. Eimer und Werkzeug reinigen, bevor die Betonreste anbacken. Wasser in den Eimer schütten, mit einer ausrangierten Spülbürste schrubben und dann stehen lassen. Dann sinkt der Schlamm zu Boden und das Wasser kann abgeschüttet werden. Die letzten Betonreste werden mit einem Lappen abgetrocknet.

4 Den Stein entfernen und die Innenform herausziehen. Die Außenform dehnen, auf den Kopf stellen und das Vogelbad herausschütteln. Ränder eventuell mit grobem Schleifpapier glätten.

Spatzen baden nicht nur gern im Wasser, sondern nehmen im Sommer auch gern ein Sandbad. So entfernen sie Flöhe und Läuse aus dem Federkleid. In die Nähe des Vogelbads eine niedrige Schale mit Sand stellen.

GEHÄKELTES VOGELHAUS

Ich habe kleine Nester aus grober Schnur gehäkelt und in die Bäume gehängt. Bisher ist noch kein Vogel eingezogen. Vielleicht sollte ich die Schnurnester eher als Dekoration für den Garten betrachten.

Ich habe grobe Hanfschnur und eine Häkelnadel Nr. 10 verwendet. Die sechs ersten Luftmaschen werden zu einem Ring gehäkelt. Dann folgen feste Maschen um den Ring, Zunahme von einigen Maschen in jeder Reihe (Maschen werden in dasselbe Loch wie die vorherige gestochen), gleichmäßig über die Rundung verteilt, damit ein flacher Boden entsteht. Ist der Boden groß genug, ca. 10 Zentimeter Durchmesser, fahre ich mit festen Maschen ohne Zunahme fort.

Das Einflugloch entsteht, indem man die Runde abschließt, die Schnur abschneidet und durch die Masche zieht. Dann habe ich ein paar Maschen übersprungen, bevor ich die Runde wieder aufgenommen habe. Damit sich die Form verjüngt, Maschen gleichmäßig verteilt über die Runde überspringen, bis nur noch ein Kegel übrig ist.

Büsche und Bäume pflanzen, die Beeren und Nüsse tragen, z. B. Felsenbirne, Weißdorn, Vogelbeere, Hasel, Stechpalme, Kirsche, Vogelkirsche, Hagebutte und Mispel. Die Blütenstände der Stauden stehen lassen, damit sie Samen als Nahrung für die Vögel bilden. Sonnenblumen aussähen und über den Winter stehen lassen.

1 Luftmasche

5 Luftmaschen

feste Maschen

Für die Insekten

MEIN GARTEN LIEGT mitten im Ackerland. Die Rapsfelder leuchten bis zum Horizont gelb und nach Norden wachsen Zuckerrüben, so weit das Auge reicht. Eine Landschaft, die ganz von Menschen geschaffen wurde. Nur um die Höfe und in Böschungen wachsen Büsche und Bäume. Im Gegensatz zum Ackermeer ringsum ist mein Garten eine lauschige, grüne Insel mit hohen Baumkronen, Holunderbüschen und Heckenrosen. Hier summen Hummeln und flattern Schmetterlinge. Vielleicht ist mein Garten eine Quelle für die biologische Vielfalt? Dieser Gedanke gefällt mir. Es hat sich erwiesen, dass grüne Gärten in bebauter Umgebung für viele Insekten wichtig sind. Hier haben die bestäubenden Insekten wie Bienen, Hummeln und Schwebfliegen eine Zuflucht vor Straßen, Parkplätzen und Industriegebieten. Bestäubende Insekten sind für die Fruchtbildung von Pflanzen unersetzlich. Ohne sie keine Früchte und keine Beeren! Und genau wie bei den Vögeln ist der Wohnraummangel auch hier Ursache dafür, dass die Anzahl der Arten sinkt.

Die Aufstellung eines Insektenhotels, in dem die Bestäuber Schutz erhalten, Eier legen und überwintern können, ist ein Beitrag zur Bewahrung der biologischen Vielfalt. Viele Solitärbienen, also Wildbienen, die nicht im Bienenstock leben, sammeln Pollen und legen Eier in Schilfrohr und hohle Stängel. Auch Marienkäfer und Schmetterlinge mögen kleine Unterschlüpfe.

In ein Stück Stamm eines gefällten Baums kann man viele tiefe Löcher bohren und ihn gegen die Hauswand lehnen. Ein Bündel Bambusstäbe unter der Dachtraufe wird zum schönen Hotel für Solitärbienen verschiedener Art. Das Insektenhotel früh einrichten, am besten schon im März.

Großes Insektenhotel unter einem Strohdach in Schweden, „Mandelmanns trädgårdar".

Verschiedene Insektenhotels

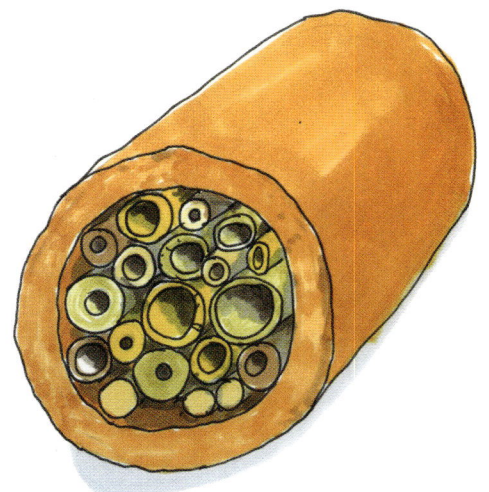

Einfache Insektenhotels baut man aus gebündelten Bambusstäben. Das Schöne am Bambus ist, dass er nicht durchgängig hohl ist. Das ist für die Mauerbienen optimal, da sie ein Ende der Röhre geschlossen haben möchten. Hat die Biene ihre Eier abgelegt, mauert sie das Eingangsloch zu. Innen schlüpfen die Larven, wachsen und verpuppen sich. Die fertige Biene beißt sich im nächsten Frühjahr ihren Weg ins Freie.

Bambusstäbe verschiedener Dicke, eingeschoben in ein Dränrohr. Das funktioniert auch mit Holunder- oder Himbeerzweigen. Das weiche Mark entfernen die Bienen selbst. Solitärbienen sind im Gegensatz zu Honigbienen und Wespen überhaupt nicht aggressiv. Das Risiko, gestochen zu werden, ist sehr gering!

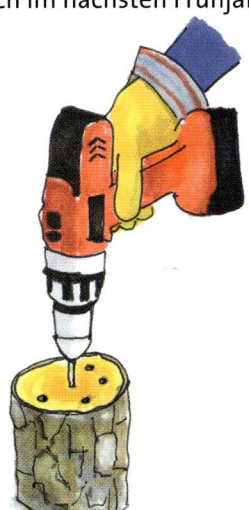

Unterschiedlich grosse Löcher in Baumstümpfe und alte, dicke Holzstücke bohren, zwischen 4 und 10 Millimeter. So tief bohren, wie der Bohrer reicht, das Loch muss etwa 5 Zentimeter tief sein. Fransige Ränder um das Bohrloch abschleifen.

Ein Hummelnest kann aus einem umgedrehten Blumentopf bestehen, zur Hälfte eingegraben. Das Gras rundum kann gern hoch wachsen. Den Topf erst zur Hälfte mit trockenem Gras füllen.

Äste und Zweige mit hohlen Stängeln unter einem
Regenschutz aus Dachpappe.

6-Sterne-Bienenhotel im Prinzessinnengarten, Berlin.

Kleines Bienenhotel aus Bambusstäben, mit
schwedischer Faluröd-Farbe schwarz lackiert.

Schmetterlingskasten

Schmetterlinge benötigen kleine Unterschlüpfe zum Überwintern und als Regenschutz. Ein Schmetterlingskasten ähnelt einem Nistkasten, hat aber statt eines runden Einfluglochs ca. 10 Millimeter breite Schlitze. Gern ein paar Zweige als Sitzgelegenheit für die Schmetterlinge hineinlegen.

Material
- ca. 100 mm breites Brett, 1500 mm lang
- ca. 180 x 180 mm Diele oder Form-Sperrholz für das Dach
- warmverzinkte Nägel

Werkzeug
- Bohrmaschine mit 100-mm-Holzbohrer
- Stichsäge oder kleine Handsäge
- Hammer

Anleitung:

1. Teile für den Kasten abmessen und zurechtsägen.

2. Schlitze für die Vorderseite abmessen und einzeichnen. Mit dem 10-mm-Holzbohrer Löcher an den Enden der Schlitze bohren, damit Ansatzpunkte für die Säge vorhanden sind. Schlitze sägen.

3. Teile zusammennageln. Die Wände müssen die Bodenplatte umschließen, aber das Dach wird oben aufgenagelt.

4. Kasten mit grauer oder brauner Fassadenfarbe bemalen, dann hält er länger und verschmilzt mit der Umgebung. Innen muss der Kasten unbehandelt bleiben. Zwei Schrauben als Aufhängung einschrauben.

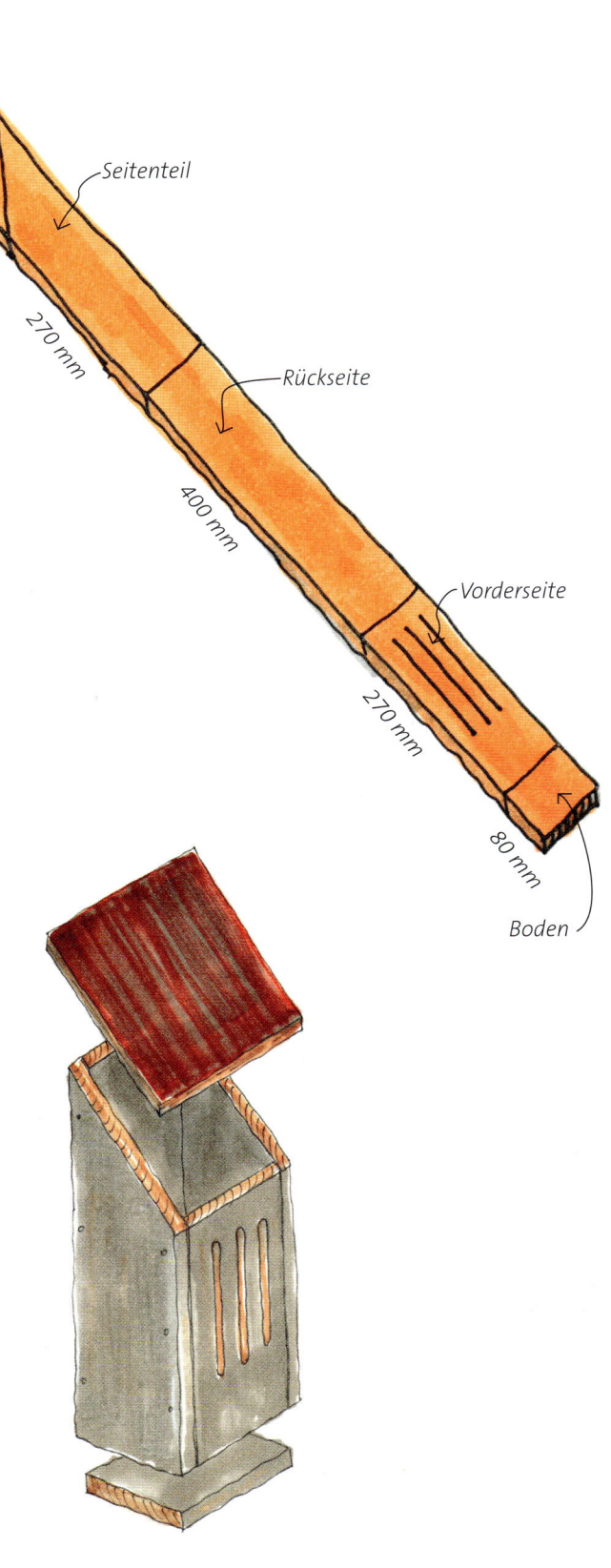

Tolles Insektenhotel, in dem jede Art den perfekten Zimmertyp finden kann. Im Prinzessinnengarten, Berlin.

SCHMETTERLINGSBAR

Ist der Frühling kalt und noch ohne Blüten, kann man eine Schmetterlingsbar aufstellen: Stahldraht um das Gewinde eines Konservenglases wickeln und an einem Ast aufhängen. Glas mit Zuckersirup füllen. Zurechtgeschnittene Stücke eines Küchenschwamms in die Glasöffnung stecken, so dass sie aus dem Glas herausstehen. Hier können die Schmetterlinge landen und mit ihren Rüsseln Zuckerlösung saugen.

SCHMETTERLINGSRESTAURANT

Zuckerlösung, überreifes Obst oder Honig sind ideale Gerichte im Schmetterlingsrestaurant. Hier können sich Schmetterlinge, aber auch Wespen, Bienen und Fliegen satt trinken.

MATERIAL
- Untertasse, gern mit Blumen – sie locken die Schmetterlinge an
- ca. 1 Meter Bewehrungseisen, Durchmesser 8 mm
- ein Stück Rundstab (Pinselstiel)
- kräftiger Leim

WERKZEUG
- Bohrmaschine mit 9-mm-Bohrer
- Säge

ANLEITUNG:

1 Rundstab auf die Länge von ca. 5 cm kürzen. In ein Ende des Rundstabs ein Loch mit ein paar Zentimetern Tiefe bohren.

2 Die Untertasse auf den Rundstab kleben, Anweisungen auf der Leimverpackung beachten. Trocknen lassen.

3 Bewehrungseisen in das Bohrloch stecken, in der Erde anbringen.

Ich habe das Bewehrungseisen und den Rundstab mit hellgrüner Leinölfarbe lackiert.

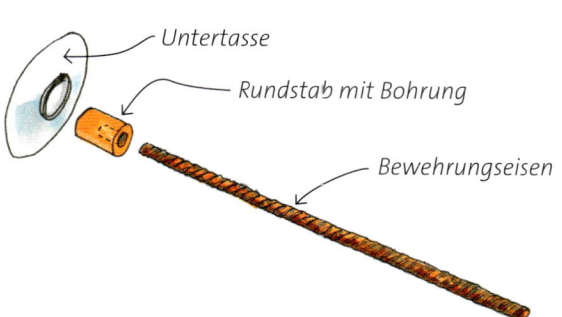

Halt für Pfingstrosen

PFINGSTROSEN SIND AUSDAUERNDE Klassiker. Sie können in verlassenen Gärten stehen und treu Jahr für Jahr an Ruinen und verfallenen Zäunen blühen. Über hundert Jahre können sie werden!

Mein eigener Garten war ein vergessener Dschungel aus Holunder, Wiesenkerbel und Disteln, als ich hierher zog. Die Natur hatte alles übernommen. Zwei große Büschel der Duftpfingstrose „Bowl of Beauty" waren unter den einzigen überlebenden Stauden. Vermutlich wurden sie in den 60er-Jahren gepflanzt, als die Sorte nach Schweden kam und schnell populär wurde.

Da aber Bäume und Büsche ringsum hoch aufgeschossen waren, landete die Pfingstrose im Schatten und blühte schlecht. Entgegen aller Weisheit, Pfingstrosen nicht zu versetzen, grub ich die Pflanzen aus, teilte sie in sechs neue und pflanzte sie an einem sonnigeren Platz wieder ein. Bereits im nächsten Jahr konnte ich über hundert Pfingstrosenknospen zählen.

Ich kann mir nichts Sinnlicheres vorstellen, als die Nase in eine neu aufgeblühte „Bowl of Beauty" zu tauchen. Der Duft ist stark, süß und würzig und das helle Zentrum der Blüte zart wie Seide.

Einfache Pfingstrosenstützen aus biegsamen Weidenzweigen, die in den Boden gesteckt werden. Bögen eventuell mit geteerter Schnur zusammenbinden.

Pfingstrosenstütze aus Bambus

Material
- Bambusrohr in zwei verschiedenen Stärken, z. B. 28 und 50 mm

Werkzeug
- Säge
- Bohrmaschine und Lochbohraufsatz mit demselben Durchmesser wie die kleineren Bambusrohre

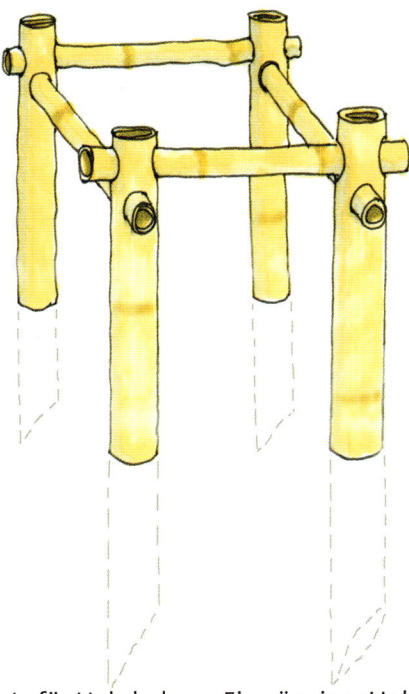

Anleitung:

1 Die großen Bambusrohre ausmessen und zurechtsägen. Für einen Pfingstrosenbusch normaler Größe sind Rohre mit einer Länge von 70 Zentimetern ausreichend. Schrägt man sie an einem Ende etwas an, kann man sie leichter in den Boden stecken.

2 Wie auf der Abbildung die Stelle ankreuzen, an der das Loch für das kleinere Rohr gebohrt werden muss. Das Rohr mit einer Zwinge befestigen oder in den Schraubstock einspannen. Mit einem Lochbohraufsatz für Holz bohren. Ein gängiger Holzbohrer funktioniert nicht, er zerstört den Bambus. Eventuell ein bisschen mit dem Messer nachschnitzen.

3 Die großen Rohre ca. 20 Zentimeter in den Boden eindrücken. Vorsichtig mit dem Hammer klopfen, ein Holzstück dazwischen legen, so dass der Bambus nicht beschädigt wird. Die kleinen Rohre einziehen.

Pfingstrosenstütze aus Zweigen

Im Garten des Garden Museum in London habe ich diese einfache Pfingstrosenstütze aus fünf Zweigen gesehen, die in die Erde gesteckt und mit Naturschnur umwickelt werden.

Material
- gerade Zweige
- Naturschnur (Hanf oder Sisal)

Werkzeug
- Säge
- Axt oder Messer
- Hammer

Anleitung:

1 5 Stücke mit ca. 50 Zentimetern Länge von den Zweigen abmessen und absägen. Ein Ende der Aststücke eventuell mit der Axt oder dem Messer abschrägen, dann ist es leichter, sie in den Boden zu stecken.

2 Aststücke im Kreis ca. 15–20 cm einstecken, damit die Pfingstrosenstütze solide steht. Nach dem Regen ist die Erde feucht, dann geht es am besten. Eventuell ein Holzstück über das Aststück legen und mit einem Hammer nachhelfen.

3 Naturkordel um die Äste wickeln, zusätzlich evtl. kleine Birkensprosse rundherum einstecken.

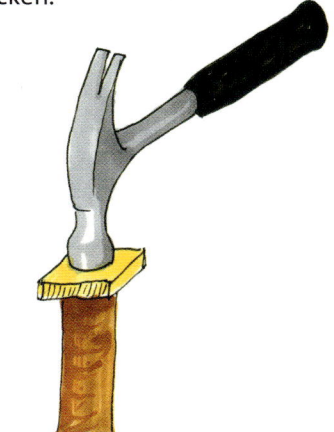

Aus Moos

In einem Garten mit bemoosten Steinen und Baumstämmen hat man den Eindruck, dass die Zeit stillsteht. Moosüberzogen – allein das Wort löst ein Gefühl von Ewigkeit und Stillstand aus. Vielleicht möchten wir ja genau das für unseren Garten? Ein Zeitloch ohne Stress und Alltag, in dem die Zeit langsamer vergeht? In japanischen Gärten symbolisiert das Moos Harmonie, Alter und Tradition.

In meinem Rasen wächst viel goldgelbes Federmoos. An schattigen Stellen gibt es so viel, dass ich große Stücke ablösen und als Dekorationen im Garten verwenden kann. Aus Oasiskugeln forme ich runde Mooskugeln. Und ein hängender Moostopf ist auch schnell gemacht. Hat man kein Moos im Garten, kann vielleicht ein Nachbar helfen, der das „Unkraut" im Rasen gern loswerden möchte. Im Wald darf man Moos in kleinen Mengen für den Eigenbedarf sammeln, aber nicht zu große Stücke an einem Ort, sondern so, dass die Stelle danach nicht sichtbar ist.

Moosige Tontöpfe mit Patina verleihen dem Garten ein schönes Vintage-Flair. Moose und Algen wachsen häufig auf den Töpfen selbst, wenn diese schattig und feucht stehen, das braucht jedoch Zeit. Um das Moos zu fördern, Joghurt, Wasser, flüssigen Blumendünger und Erde vermischen und auf die Tontöpfe pinseln. Dann die Töpfe mit feuchter Erde füllen und unter Plastiktüten in den Schatten stellen. Dort bleiben sie den ganzen Sommer.

Moos liebt ein saures Milieu, so dass auch Essig, gemischt mit Zitronensaft und etwas Erde, einen Versuch wert ist. Auch Öl könnte funktionieren. Um Moossporen zu erhalten, kann man vor dem Pinseln Moos in die Mischung einarbeiten.

Mooskugeln sind langlebige Dekorationen in Beeten oder Töpfen, wenn diese im Halbschatten stehen.

Mooskugel

Oasis ist ein feinporiges, wasserhaltiges Material, das im Blumenhandel erhältlich ist. Für eine einfache Mooskugel kugelförmiges Steckmaterial verwenden. Man kann jedoch auch zwei Stücke eines Blocks zusammenlegen und dann die Ränder abschneiden, so dass das Material etwas rund wird.

Oasisblock für etwa 15 Minuten in einen Eimer mit Wasser und Flüssigdünger legen.

Block mit Moos umkleiden und mit Blumendraht festbinden (aus dem Blumenhandel). Häufig wässern, damit die Mooskugel nie austrocknet.

Legt man die Mooskugel in den Halbschatten und wässert sie regelmäßig, hält sie bis weit in den Herbst.

Hängender Moostopf

Material und Werkzeug
- Kaninchendraht
- Moos
- grober Stahldraht
- Kneifzange

Anleitung:

1 In die Ecken eines quadratischen Stücks Kaninchendraht Keile schneiden.

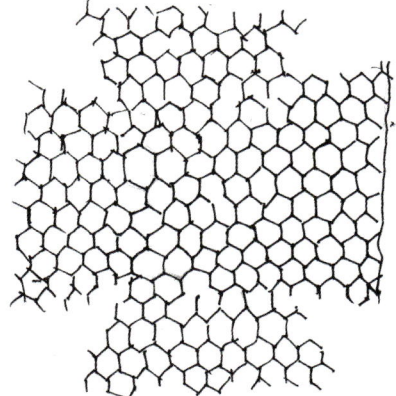

2 Kaninchendraht zu einem Korb biegen, mit den losen, hervorstehenden Enden oder einem Stück Stahldraht befestigen.

3 Korb innen auskleiden, so dass das Moos zwischen den Maschen hervorschaut. Mit Erde füllen, wässern und bepflanzen. An grobem Stahldraht aufhängen, am besten im Halbschatten, und häufig wässern. Ich habe eine schattenverträgliche Mini-Petunie in meinen Moostopf gesetzt.

Über Moos

Moos nimmt Wasser und Nahrung für die Blattzellen direkt aus Dunst, Tau und Regen auf. Die Wurzeln, Rizoide, dienen dazu, das Moos an seinem Platz zu halten.

Moos trifft man an den unterschiedlichsten Plätzen weltweit, hoch oben im Baum, auf Berggipfeln und in Höhlen. Es gibt bis zu 20.000 verschiedene Arten von Moos.

In Japan kann man fertige Moosteppiche kaufen, man muss sie nur im Garten ausrollen. Und in Gärtnereien sind viele verschiedene Moossorten erhältlich. Moos verträgt Trockenheit gut, wenn es sich erstmal etabliert hat.

Im Küchenland

Im Garten meiner Eltern, am Sommerhaus in der schwedischen Küstenregion Roslagen, wuchsen lange Reihen Kartoffeln, Dill, Dicke Bohnen und Radieschen in eckigen Beeten. Mein Vater verbrachte viele Stunden mit Unkrautjäten und der Verbesserung des zähen Lehmbodens mit Kompost und Dünger.

Als Kind fiel es mir schwer, den Sinn dieser Bodenbearbeitung zu verstehen. Wie konnte Papa so viele Stunden mit etwas zubringen, das so unnötig war? Man konnte doch alles im Geschäft kaufen! Ich protestierte laut, wenn ich gezwungen war, ihm zu helfen und verschwand schnell wieder mit den Büchern aus der Schulbücherei in der Hängematte. Nie hätte ich gedacht, dass ich zwanzig Jahre später meinem eigenen, sehr großen Küchengarten viel Zeit widmen würde.

Meine Eltern bauten Gemüse wegen des Geschmacks und aus praktischen Gründen an. In meinem Küchengarten mische ich Blumen und Gemüse, ich lege dreieckige Beete an und säe in geschwungenen Reihen. Ich baue an, um giftfreies Gemüse zu haben, aber auch wegen der Schönheit. Fällt die Ernte nicht so gut aus, ist das nicht schlimm – ich kann ja alles im Geschäft kaufen.

Stäbe aus der Rückenlehne eines alten Küchenstuhls stützen niedrig wachsende Zuckererbsen. Die zwiebelförmigen Holzknöpfe stammen aus dem Hobbyladen.

Der Dufterbsenturm aus Zweigen verleiht dem Küchengarten Höhe. Erbsen- und Bohnenstützen müssen bereit sein, bevor die Saat zu wachsen beginnt oder die Pflanze ausgepflanzt wird. Das Aufstellen in der Erde, nachdem die Pflanzen mit Wachsen begonnen haben, kann die Wurzeln schädigen!

Heben Sie Osterzweige auf, stecken Sie diese in den Gemüsegarten. Lassen Sie daran die Zuckererbsen (hier die rote Sorte „Shiraz") klettern.

Hohe Erbsenstütze aus Zweigen, umklebt mit Naturschnur, im Küchengarten des Tycho-Brahe-Museums auf der Insel Ven.

Kleiner Bohnenturm aus Bambusstäben und Schnur.

Ein lackierter Zweig wird zur farbenfrohen Stütze für Zuckererbsen.

Stützen aus Zweigen für Sonnenblumen und Bohnen in den schwedischen Mandelmanns-Gärten.

BOHNENSTANGEN AUS GROSSMUTTERS GARTEN

Einige gerade Zweige nach dem Beschneiden im Spätwinter aufbewahren. Alle Seitenzweige mit der Astschere abknipsen. Stangen und Querstützen in gerader Linie in die Erde stecken. Nach dem Regen ist die Erde feucht, dann geht es am besten. Sollte es dennoch schwierig sein, kann man ein Holzstück über das Aststück legen und mit einem Hammer nachhelfen. Ist der Boden zu hart, müssen Löcher mit einem Spieß gebohrt werden. Mit Naturbast zusammenbinden. Die Querstangen in die Gabeln legen, die sich zwischen Stütze und schräger Stütze bilden.

Stützbeine machen die ganze Konstruktion etwas stabiler und weniger windempfindlich.

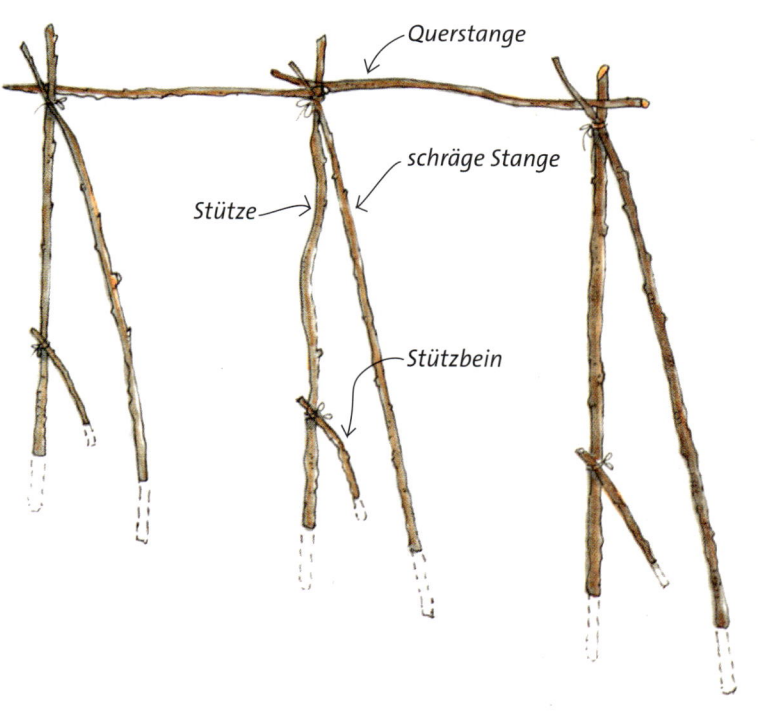

Die Stangenbohne „Blauhilde" und die Borlottbohne „Lingua Di Fuoco" reifen am Dach des Bohnenhauses.

Bohnenhaus

Ich habe mein Bohnenhaus aus Bambusstangen eines alten Windschutzes gebaut. Die Eckpfosten habe ich ca. 20 Zentimeter in den Boden gesteckt, dann die übrigen Stützen mit Stahldraht festgezurrt. Wenn die Anbauzeit vorüber ist, montiere ich das Haus ab und lagere die Bambusstangen im Schuppen.

Bambus mit galvanisiertem Stahldraht wie folgt zusammenbinden: Flachzange verwenden, Drahtende damit greifen und mehrmals umwickeln.

Spalier aus Bambusstäben verschiedener Stärke, verbunden mit galvanisiertem Stahldraht. Das Spalier kann auch mit Naturschnur zusammengebunden werden, so dass alles komplett kompostiert werden kann, wenn das Bambusspalier seinen Dienst getan hat.

Klassische viktorianische Bohnenstangen im Küchengarten bei Ightham Mote in Südengland. Wählen Sie die Größe mit einem Durchmesser von mindestens 20 Millimetern und am besten mit mehr als 2 Metern Länge. Viele Bohnensorten lieben es, sich nach oben zu recken. Die Stangen als Kreuz einstecken und eine horizontale Querstange auflegen. Die Stangen mit galvanisiertem Stahldraht oder geteerter Schnur zusammenbinden.

Über Bambus

Bambus ist ein Gras, das eine Höhe von über 30 Metern erreichen kann. Bei bestimmten Arten kann der Stammdurchmesser 20 Zentimeter betragen. Außerdem ist es die am schnellsten wachsende Pflanze weltweit. Die langen Fasern machen den Bambus robust, biegsam und verschleißbeständig. In Asien wurde Bambus lange zum Haus- und Brückenbau eingesetzt. Bambus wird vollständig ohne Pflanzenschutzmittel, Kunstdünger oder Unkrautmittel angebaut.

Die Pflanze besitzt bestimmte antibakterielle Eigenschaften, so dass Bambusstützen nicht modern, auch wenn sie im Freien langsam aber sicher verrotten. Bambusstäbe im Bund sind im gut sortierten Gartenhandel erhältlich.

ANZUCHTTUNNEL

Mein Küchengarten liegt auf altem Ackerboden an der Außenkante unseres Grundstücks, mitten in der offenen Landschaft. Hier weht der Wind das ganze Jahr stark, der Boden besteht aus schwerem Lehm, der die Kälte im Frühling lange hält. Um frühere Ernten zu erzielen, habe ich einen einfachen Anzuchttunnel aus Bögen und Vliesstoff gebaut. Die Bögen bestehen aus biegsamen, 2,5 Meter langen Elektrorohren. Die Rohre werden mit einem Stück Bewehrungseisen im Boden verankert, vom Baumarktpersonal auf 1-Meter-Stücke kappen lassen.

Vliesstoff ist wasser- und lichtdurchlässig. Austauschen, wenn er spröde geworden ist und leicht zerreißt. Der Tunnel schützt Anzuchtkästen ausgezeichnet vor leichtem Nachtfrost. Wenn die letzten Tomaten reif sind, baue ich den Tunnel ab und lagere die Teile im Schuppen.

MATERIAL
- 4 Elektrorohre, Durchmesser 16 mm, Länge 2,5 m
- 8 Bewehrungseisen, Länge ca. 1 m, 10 mm Durchmesser
- 2 schwere Balken, Bretter und/oder einige Steine als Gewichte
- dünner Vliesstoff (Frühbeet-Vlies)

WERKZEUG
- Hammer
- Schere
- Heftpistole
- Nähnadel und grober Baumwollfaden

ANLEITUNG:

1 Die Bewehrungseisen dort in den Boden schlagen, wo die Bögen stehen sollen. Hammer und Holzstück verwenden. Die Stäbe müssen zur Hälfte in den Boden. Dann nur noch die Elektrorohre biegen und auf die Stäbe setzen.

2 Ich habe zwei Längen des Vliesstoffs mit grobem Baumwollfaden zusammengeheftet und über die Bögen gelegt.

3 Zur Verankerung des Stoffs habe ich den Überschuss an den Längs- und an einer Giebelseite in dicke Holzbalken gerollt. Zur Sicherheit Steine auf die Balken legen. Es ist wichtig, dass die Gewichte wirklich funktionieren, sonst wird der ganze Tunnel weggeweht!

An der anderen Giebelseite habe ich den Stoff mit Haargummis gerafft. Sie können zum Gießen oder Ernten leicht entfernt werden.

Ein Fenster mit verbundenen Flügeln vom Flohmarkt, als Zelt aufgestellt, dient den Kürbispflanzen als Windschutz.

Zum Klettern

Mode- und Einrichtungstrends wechseln schnell. Werbung und Medien erzählen uns ständig, wie wir und unsere Wohnungen auszusehen haben und wie schnell wir sie verändern können. Gärten wachsen langsam und immer hat die Natur ihre Finger im Spiel. Deshalb passen sie nicht in das rasende Tempo der Modewelt.

Aber trotzdem können die Medien Druck auf uns Gärtner ausüben. „Erfolg mit Ihrem Garten" fordern die Gartenmagazine und locken mit Artikeln, wie man einen smaragdgrünen Rasen und unkrautfreie Beete bekommt, die das ganze Jahr blühen. Dann muss man überlegen – was macht mich im Garten glücklich? Ist es der perfekte Rasen ohne einen einzigen Löwenzahn oder ist es der Schatten des Laubs unter dem Apfelbaum? Ein aufgeräumtes Beet? Oder das Vogelgezwitscher? Es darf nicht wichtiger sein, Erfolg mit seinem Garten zu haben, als darin glücklich zu sein.

Ich verwende gern Bewehrungseisen, alte Eimer und andere rostige Dinge in meinem Garten. Aber es gibt Rosthasser. Sie setzen rostige Dinge mit Verfall, Vergänglichkeit und etwas Ungepflegtem gleich. Für mich steht er für Romantik und das Gefühl, die Zeit sei stehengeblieben. Was man mag oder nicht mag, hängt davon ab, was man damit verbindet. Dinge und Materialien sprechen auf verschiedene Art mit uns.

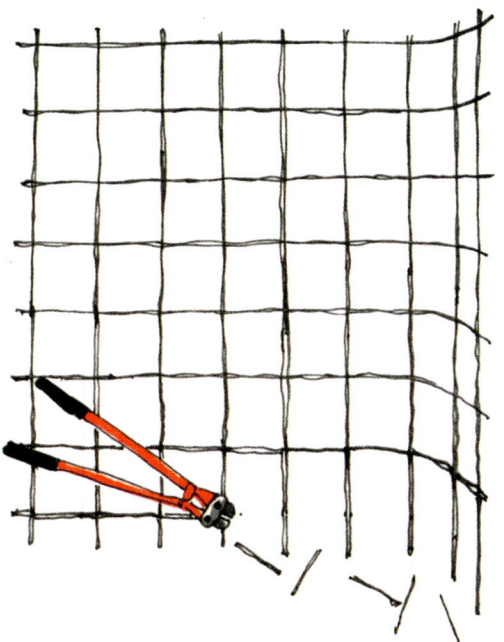

Eine Bewehrungsmatte ist zur Rankhilfe für die Strauchrose „Louise Odier" geworden. Das Gitter muss unten aufgeschnitten werden, damit es weit genug in den Boden gesteckt werden kann. Bolzenschneider verwenden. Wenn man das Gitter zum Rondell biegt, ist eine zweite Person hilfreich. Eine hält fest, eine wickelt mit Bindedraht (grobem Stahldraht). Handschuhe nicht vergessen!

ÜBER BEWEHRUNGSEISEN

Aus preiswerten Bewehrungseisen und Bewehrungsmatten können beliebig viele Varianten an Kletterstützen entstehen. Eigentlich dienen sie der Verstärkung von Beton. Die Eisenstangen haben eine geriffelte Außenfläche, damit sie im Beton besser halten. So kann man sie auch leicht mit Stahldraht miteinander verbinden.

Bewehrungseisen sind in verschiedenen Stärken ab 6 Millimeter erhältlich und werden in Längen von 6 Metern in allen Baumärkten verkauft. Gern mit dem Bolzenschneider, Winkel-schleifer kürzen oder die Mitarbeiter im Baumarkt bitten, die Eisen auf die richtige Länge zu kürzen. Mit etwas Geduld kann man die Bewehrungseisen auch mit einer Metallsäge kappen: Eine Kerbe in das Eisen sägen und dann über etwas Kräftiges, z. B. ein Treppengeländer aus Stahl, biegen.

Die billigsten Bewehrungseisen rosten, sobald sie mit Feuchtigkeit in Kontakt kommen. Beschichtet man die Eisen mit Leinöl, gern mit etwas Balsamterpentin gemischt, behalten sie ihre Rostfarbe, färben aber nicht an Kleider und Handschuhe ab. Mag man den Rost nicht, mit Rostschutz beliebiger Farbe lackieren. Es sind auch rostfreie und galvanisierte Bewehrungseisen erhältlich.

Die Feuerbohne hat ein „Kopfteil" zum Klettern erhalten. Das Gestell besteht aus zwei starken Bewehrungseisen und einem Kreuz, verbunden mit Bindedraht. Die Knöpfe für Gardinenstangen vergolden das Kopfteil.

Kletterturm aus vier Bewehrungseisen und ein paar Häkelringen aus Metall. Häkelringe sind in Handarbeitsgeschäften erhältlich. Man kann auch Stücke aus 4 mm dünner Stahlstange biegen und die Kreise mit Bindedraht befestigen. Die Holzknöpfe stammen aus dem Hobbyladen.

Lackiert man das Eisen mit Rostschutzfarbe, hält die Rankhilfe viele Jahre.

Das Eisen muss ca. 20 Zentimeter in den Boden, damit es stabil steht. Eisen mit dem Hammer in den Boden schlagen. Holzstück dazwischen legen.

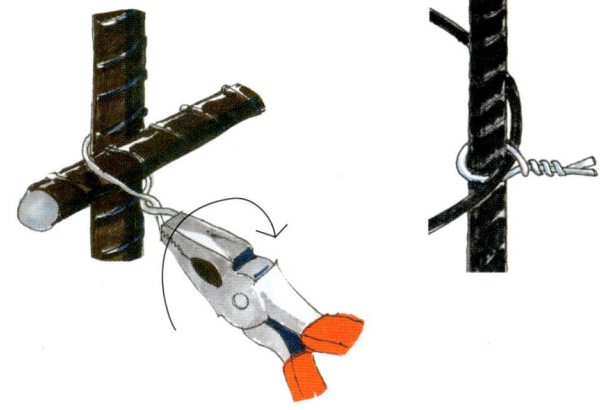

So verbindet man die Bewehrungseisen. Den Draht mit der Flachzange greifen und mehrmals verwinden.

Rankhilfe aus Lochband

Lochband oder Montageband aus Metall ist auf Rollen im Baumarkt erhältlich. Das Band kann leicht zu vielen Figuren gebogen werden. Und durch die Löcher ist die Befestigung mit Schrauben und Muttern einfach. Mit einer Blechschere wird das Band in Stücke geteilt. Die Figuren für die Verwendung im Freien mit Metallfarbe lackieren. Farbreste verarbeiten! Die Beschreibungen für das Herz und die Kugel befinden sich auf der nächsten Seite.

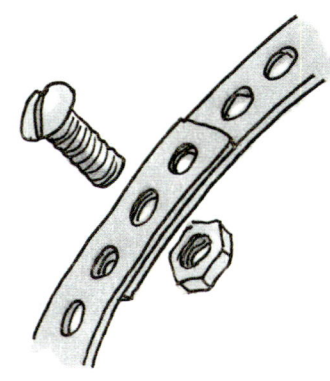

Lochband mit Schraube und Mutter befestigen.

Dann das Lochband mit einer Blechschere in Stücke schneiden.

Kugel

Zwei bis drei Längen vom Lochband abschneiden und zu Kreisen formen. Alle Kreise oben und unten mit Schraube und Mutter befestigen. Die Kugel mit einem Bogen aus grobem Stahldraht im Boden anbringen.

Die kleine Krone ist eine Konservendose, aufgeschnitten mit der Blechschere und mit Stahldraht befestigt.

Herz

Ich habe ein Herz geformt und die untere Spitze extra lang gelassen. Diese habe ich in die Erde gesteckt, damit das Herz stabil steht. Die Kringel habe ich mit einer Zange gebogen und das Herz mit Schrauben und Muttern befestigt.

Kräuterkranz

Aus dem übrigen Lochband habe ich einen Kranz angefertigt, an dem Kräuter zum Trocknen aufgehängt werden können. Der Kranz wird luftig, dunkel und kühl angebracht.

Anleitung:

1 Meter Lochband mit Schraube und Mutter befestigen. Den Kranz mit übrig gebliebenen Ketten einer Blumenampel aufhängen. Im Eisenwarenhandel sind Ketten am laufenden Meter erhältlich, man kann aber auch groben Stahldraht verwenden. Die S-Haken können gut in die Löcher des Lochbands eingehakt werden.

Binden Sie kleine Sträuße sehr fest zusammen. Die Stiele schrumpfen beim Trocknen. Die Sträuße für etwa 2 Wochen hängen lassen oder bis die Kräuter so trocken sind, dass sie mit den Fingern zerrieben werden können.

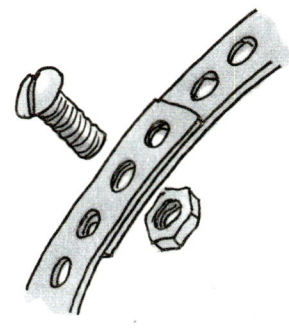

In Kästen

Gemüseanbau in Obstkisten ausgekleidet mit Jutestoff.

Manchmal wünschte ich, mein Garten wäre nicht so groß. Die Pflege von zweitausend Quadratmetern braucht Zeit, und die Flächen, die ich nicht schaffe, wachsen schnell wieder zu. Ich versuche Brennnesseln, Wiesenkerbel und Ackerdisteln von Beeten und dem Küchengarten fernzuhalten – so gut es geht. Ein bisschen Wildkraut hier und da muss ich akzeptieren. Und dass die Violette Königskerze sich an ganz anderer Stelle aussät, als ich sie gepflanzt habe, muss ich als normalen Streich der Natur betrachten.

Die Pflege eines großen, verwilderten Gartens ist eine gute Übung, die Kontrolle zu lockern, zu tolerieren, dass alles nicht ganz so wird, wie man es geplant hat. Aber wenn ich entdecke, dass der schlanke, chinesische Schnittlauch unter einem riesigen, selbst gesäten Kerbel erstickt wird, sehe ich ein, dass etwas unternommen werden muss. Bestimmte wertvolle und empfindliche Pflanzen brauchen die Hand eines Gärtners.

In Hochbeeten hat man auf ganz andere Weise die Kontrolle über seine Pflanzen. Diese Kästen liefern Überblick. Außerdem wird die Erde im Frühjahr schneller erwärmt und die Schnecken haben es nicht so leicht. Der Anbau in Kästen ist außerdem gut geeignet, wenn vielleicht nicht bekannt ist, welche Industriegifte im Boden lagern. Kasten auf eine Palette setzen, deren Boden mit Vliesstoff abgedeckt ist. So hat die Erde im Kasten keinen Bodenkontakt.

Hochbeete gibt es fertig im Handel. Es ist jedoch nicht schwer, selbst einen Kasten zu zimmern. Dann können Maße und Proportionen selbst bestimmt werden. Ich zimmere meine Kästen aus Holzresten.

Kein druckimprägniertes Holz verwenden, wenn Gemüse oder anderes Essbares im Kasten vorgezogen werden soll. Giftige Stoffe können in die Erde gelangen. Älteres, gebrauchtes, imprägniertes Holz sollte im Allgemeinen vermieden werden, es setzt Chrom, Arsen und andere Umweltgifte frei. Bretter aus verschleißbeständigem Holz wie Eiche, Kiefern-Kernholz oder Lärche verwenden.

Um das Holz zu schützen, das sonst beim Kontakt mit Erde schnell verrottet, beschichte ich meine Kästen innen mit rohem Leinöl. Die Außenseite des Kastens kann mit rohem Leinöl, Dispersionsfarbe (z. B. Faluröd-Farbe) oder Teer gestrichen werden.

Hochbeete in verschiedenen Größen, lackiert mit schwarzer Faluröd-Farbe. Die Bilder stammen von der Ausstellung c/o Kolonin in Landskrona, Schweden, 2013.

Faluröd-Farbe

Die Faluröd-Farbe wird in Schweden seit dem 16. Jahrhundert hergestellt. Es handelt sich um eine Dispersionsfarbe, gemischt aus Pigment, Wasser und Weizenmehl. Das Pigment besteht aus mineralhaltigem Nebenprodukt der Kupfergrube in Falun und enthält unter anderem Eisenoxid, Kieselsäure und Zink, eine Kombination, die Holz widerstandsfähiger gegen Fäule macht. Eisenoxid verleiht der Farbe ihren charakteristischen, roten Ton. Heute wird jedoch auch schwarze Faluröd-Farbe hergestellt.

Die Faluröd-Farbe ist mit ihrer matten Oberfläche und der konservierenden Wirkung auf Holz ausgezeichnet für Kästen, Pfosten und Zäune im Garten geeignet. Erst eine Schicht mit etwas wasserverdünnter Faluröd-Farbe auftragen. Dann eine Schicht mit unverdünnter Farbe lackieren. Faluröd-Farbe ist am besten für ungehobeltes Holz geeignet.

HOCHBEET

Länge, Breite und Höhe des Kastens festlegen. Für die Kurz- und Längsseiten passen z. B. 25 Millimeter starke, ungehobelte Bretter mit einer Breite von 75 oder 100 Millimetern. Oder Bretterverschnitt mit etwa gleicher Stärke verwenden. Für die Eckpfosten sind Bretter 45 x 45 mm oder Dreiecksbalken geeignet. Mit warmverzinkten Stauchkopfnägeln oder Drahtnägeln vernageln.

ANLEITUNG:

1 Bretter für die Kurz- und Längsseiten abmessen und zurechtsägen. Die Eckpfosten in der richtigen Höhe kappen. Diese alternativ länger lassen und anspitzen, um sie in den Boden drücken zu können.

2 Die Bretter der Kurzseiten an die Eckpfosten nageln. Die Bretter der Längsseiten festnageln, sie müssen das Hirnholz der Kurzseiten überdecken. Zwei Nägel in jedes Brett einschlagen.

3 Die Innenseite des Kastens mit rohem Leinöl lackieren. Das Öl ein paar Stunden einwirken lassen und dann überschüssiges Öl von der Oberfläche abtrocknen. Die mit Leinöl getränkten Lappen sind selbstentzündlich. Lagern Sie diese nass oder in einem geschlossenen Behälter. Die Außenseite des Kastens kann mit Teer, Faluröd-Farbe oder einer anderen Farbe für die Außenbereich lackiert werden.

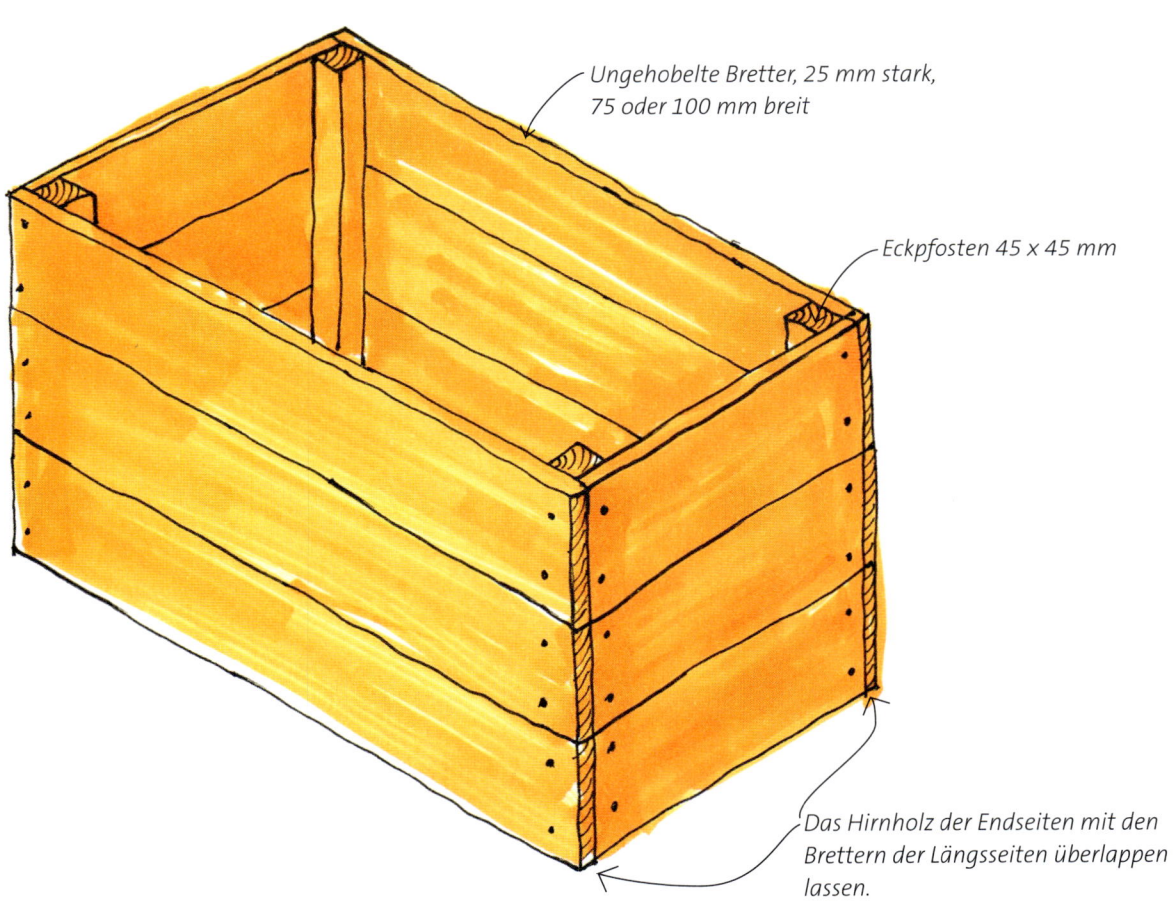

Ungehobelte Bretter, 25 mm stark, 75 oder 100 mm breit

Eckpfosten 45 x 45 mm

Das Hirnholz der Endseiten mit den Brettern der Längsseiten überlappen lassen.

Einfaches Hochbeet

Zwei Holzfliesen, Säge, Hammer und ein paar warmverzinkte Nägel sind alles, was man für ein einfaches Hochbeet braucht. Holzfliesen sind oft aus imprägniertem Holz hergestellt, das Gifte freisetzen kann, so dass der Kasten nicht für Gemüse verwendet werden sollte.

Eine Fliese quer über die Riegel teilen. Jetzt sind die Längsseiten fertig.

Die nächste Fliese auf einer Seite des Mittelriegels teilen. Die Hälfte mit zwei Riegeln wird in der Mitte geteilt. Jetzt sind die beiden Kurzseiten fertig. Teile zusammennageln. Dicken Vliesstoff an den Innenseiten und am Boden festheften. Dann dringt die Erde nicht durch die Lücken und Wildkraut im Boden kann nicht einwachsen.

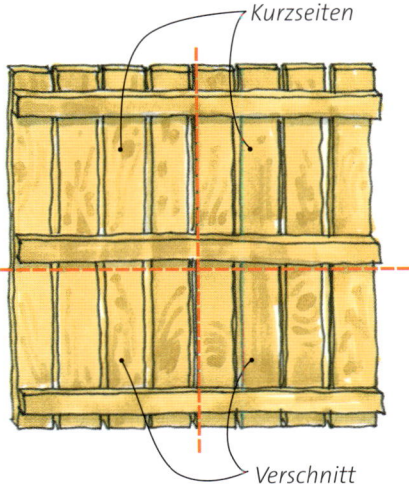

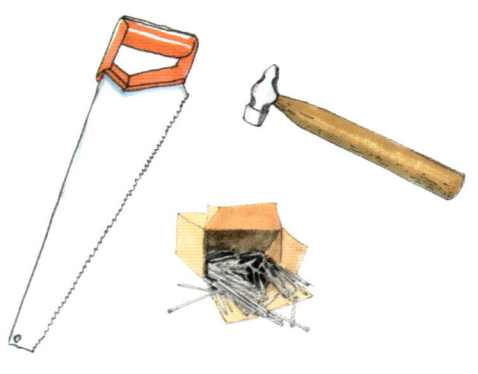

Kasten mit Zierknöpfen

Aus vier kurzen Stücken Holzvertäfelung und einigen übrig gebliebenen Parkettstücken habe ich eine kleine Kiste ohne Boden gezimmert. Statt Parkettstücken kann der Kasten aus gehobeltem Holz, Stücken von Paneelen oder anderem, was gerade vorhanden ist, gebaut werden.

Als Dekoration habe ich vier Ostereier aus Holz verwendet. Gardinenstangen- oder Schranktürknöpfe sind genauso gut geeignet. Oder warum nicht ungewöhnliche Schachfiguren?

Anleitung:

1 Die Bretter wie auf der Zeichnung gezeigt mit Kanthölzern zusammennageln.

2 Die Ostereier von unten an die quadratischen Holzstücke schrauben. Die Dekoration dann auf den Leisten festkleben, in den Kastenecken.

3 Den Kasten mit Farbe für den Außenbereich lackieren. Ich habe Blau für meinen Kasten gewählt, die Ostereier sind goldgelb.

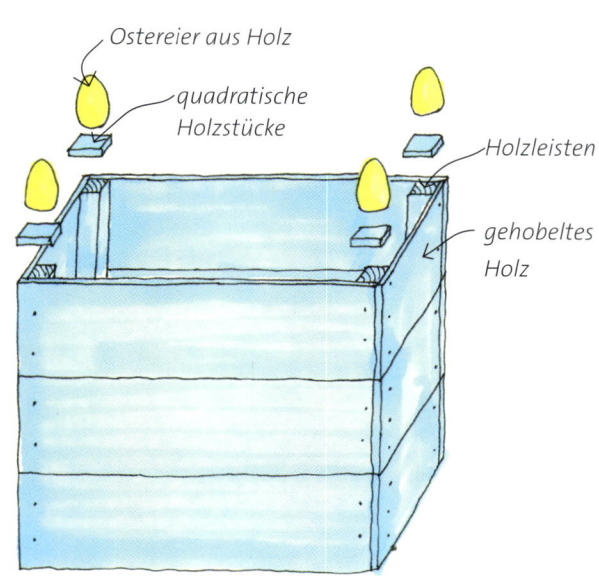

Material
- 4 Stücke Holzvertäfelung, 25 x 25 mm, 300 mm lang
- 12 Bretter aus gehobeltem Holz, 15 x 95 mm, 250 mm lang
- 4 quadratische Holzstücke, circa 40 x 40 mm
- Holzleim für den Außenbereich
- 4 Ostereier aus Holz
- 4 kleine Schrauben mit versenkten Köpfen
- warmverzinkte Stauchkopfnägel, 35 mm
- Tischlerfarbe für den Außenbereich

Werkzeug
- Säge
- Hammer
- Schraubenzieher

Schwarzer Blumenkasten, dekoriert mit goldlackierten Gardinenknöpfen in der Ausstellung des Gartenvereins Göteborg bei der Malmö Garden Show 2013.

Kasten mit Handgriffen aus Seil

Dieser Kasten ist ganz leicht gemacht und kann gut an den Handgriffen hochgehoben werden. Zimmert man den Kasten mit einem Innenmaß von ca. 30 x 15 Zentimetern, hat man genau Platz für zwei Blumentöpfe mit dem Durchmesser 12 Zentimeter. Als Boden habe ich ein Stück Kaninchennetz verwendet, um die Töpfe darauf zu stellen.

Material
- 4 Stücke Kantholz, 25 x 25 mm, 250 mm lang
- Bretterverschnitt
- warmverzinkte Stauchkopfnägel
- Tischlerfarbe für den Außenbereich oder Leinölfarbe
- Henkel aus Seil
- Kaninchendraht

Werkzeug
- Säge
- Hammer
- Bohrmaschine
- Heftpistole

Anleitung:

1 Holzstücke abmessen, Kurzseiten (200 Millimeter) und Längsseiten (300 Millimeter) zusägen.

2 Löcher für die Handgriffe markieren und bohren. Ich habe einen 12-Millimeter-Handbohrer verwendet. Holzstücke auf das Kantholz nageln.

3 Den Kasten komplett lackieren, auch die Innenseite. Farbe trocknen lassen.

4 Kaninchendraht als Boden mit der Heftpistole befestigen. Seil durch die Löcher ziehen, an der Innenseite verknoten.

Kantholzstücke

Bretterverschnitt

Seilenden verknoten

Seil für die Henkel

An der Wand

Nichts ist so einladend wie ein Haus, das in Geißblatt oder Klematis eingebettet ist, fast wie in einer Umarmung. Ein Haus, das Kletterpflanzen mögen, muss ja ein Haus sein, in dem man sich wohl fühlt. Eine langweilige Wand wird durch Kletterpflanzen schnell verwandelt. Schuppen, Garage, Mülltonnenverkleidung – vielleicht gibt es noch andere Wände als die des Wohnhauses, die ein bisschen Grün vertragen könnten?

Der französische Botaniker und Designer Patrick Blanc ist der Ansicht, dass die Natur zurückkehren muss zum Menschen und will die Wände unserer Häuser als Pflanzfläche nutzen. Seine Spezialität sind große „Pflanzenwände", an denen ausgewählte Pflanzen in Schlitzen aus Filz wachsen, bewässert mit spezieller Nährlösung über herabsickernde Tröpfchenbewässerung. Die Pflanzenwände werden von einem Stahlnetz gehalten, das mit Abstand an der Fassade angebracht ist. In Städten, in denen Boden zur Bepflanzung Mangelware ist, bieten diese bis zu 30 Meter hohen Pflanzenwände Üppigkeit, Sauerstoff und Schalldämmung. Patrick Blanc findet, dass der Betrachter zu einem vertikalen Garten eine andere Beziehung aufbaut als zu einem horizontalen. „Da ist nichts, worauf man laufen kann. Deshalb hat man mehr Respekt."

Wenn man einen vertikalen Garten anlegen möchte und hat ein Stück Boden vor der Fassade, ist es einfacher, die Pflanzen in die Erde zu setzen und sie an der Wand an einem Spalier nach oben klettern zu lassen.

Manchmal wird vor Kletterpflanzen gewarnt, weil sie das Wandmaterial zerstören könnten. Pflanzt man die Kletterpflanzen an ein Spalier mit mindestens 10 Zentimetern Abstand zu Wand, kann die Fassade hinter dem Laub trocken. Am besten ist es, wenn das Spalier samt Pflanze leicht von der Wand entfernt werden kann, wenn die Hausfassade gestrichen werden muss.

Daran denken, die Pflanze ein Stück nach außen zu setzen, damit sie nicht im Regenschatten unter der Traufe wächst. Das Spalier selbst sollte so wenig Pflege wie möglich brauchen. Es kann schwer sein, ein lackiertes Spalier neu zu streichen und zu reparieren, ohne die ganze Pflanze herunterschneiden zu müssen. Leinöl ist eine gute Alternative, die kein Schleifen und Neulackieren benötigt.

Pflanzenwand am Musée du quai Branly, Paris, von Patrick Blanc.

Eine Weinranke an grünem Spalier rahmt das Gärtnerhaus an der Max Liebermann Villa in Berlin.

LEINÖL

Reines, rohes, kaltgepresstes Leinöl ist ein völlig giftfreies Naturprodukt. Im Reformhaus oder im Biosupermarkt heißt es Leinsamenöl und wird als Nahrungsergänzung mit wertvollen Fettsäuren verkauft.

Meist wird Leinöl als Holzschutz (dieses Leinöl ist nicht zum Verzehr geeignet!) und als Bindemittel in Leinölfarbe verwendet. Rohes Leinöl enthält winzige Moleküle, so dass es tief in das Holz eindringen kann. Im Inneren des Holzes verschließt das Öl die Poren, so dass Feuchtigkeit von außen schwerer eindringen kann. Es dauert ein paar Wochen, bis es getrocknet ist. Deshalb ist es gut zum Imprägnieren von Holz im Freien geeignet, dann stört der Geruch nicht so sehr. Rohes Leinöl enthält keine schimmel- oder bakterientötenden Chemikalien.

Gekochtes Leinöl wurde behandelt und trocknet schneller als rohes. Beim Trocknen des gekochten Leinöls, dem Oxidieren mit Hilfe von Säure, wird Wärme freigesetzt. Die Lappen, die mit dem gekochten Leinöl getränkt sind, müssen in Wasser oder einem geschlossenen Gefäß gelagert werden, da sie selbstentzündlich sind und Brände verursachen können. Bei Holz, das mit Leinöl behandelt wurde, besteht keine Gefahr, nur die Lappen können sich selbst entzünden.

Lappen mit rohem Leinöl werden in Wasser getränkt. Danach können sie mit warmem Wasser und Seife gereinigt und wieder verwendet werden.

Seit Jahrhunderten werden gleiche Teile Leinöl (gekocht oder roh), Balsamterpentin (oder Waschbenzin) und Holzteer zum Imprägnieren von Terrassenböden, Treppen und Haustüren verwendet. Die Mischung ergibt eine braun-schwarze, wasserabweisende, matte Fläche. Teer und Öl müssen vor der Beigabe von Terpentin gründlich gemischt werden.

Aus den fetthaltigen Samen wird Leinöl gepresst, aus den kräftigen Fasern wird Garn für Leinenstoff gewonnen. Man unterscheidet Faserlein (lange Stängel) und Öllein (kurze Stängel), die Blüten beider Sorten sind jedoch himmelblau.

Hohe Pflanzen können leicht an langen Latten, an die Fassade geneigt und an der Traufe verschraubt, hochgebunden werden.

Spalier aus geraden Naturästen, verbunden mit Schnur. Das Gitternetz ist an starken Haken aufgehängt, die in der Steinmauer befestigt sind.

Nicht so haltbar, aber schnell gemacht: Kreisförmiges Spalier aus Weidenzweigen, verbunden mit Stahldraht.

Zweige zu unterschiedlich großen Kreisen binden, z. B. mit etwas Stahldraht. Dann die Kreise zu einem unregelmäßigen Muster verbinden. Grünen oder schwarzen Stahldraht verwenden. Enden, die herausragen, abschneiden. Die einjährige Kanarische Kapuzinerkresse klettert gern am Spalier hinauf.

Ein ausgemusterter Lattenrost, montiert an der Wand – Recycling zugeschnitten auf die Duftende Platterbse.

Dänisches Spalier

Ein in Dänemark übliches Spalier besteht nur aus senkrechten Latten. Es vermittelt einen leichten Eindruck und verstärkt die Vertikalrichtung, auch wenn man mehrere Abschnitte verbindet.

Material
- 2 Kanthölzer, 45 x 95 mm, Länge 700 mm
- 5 Latten, 23 x 36 mm, Länge 2 m
- warmverzinkte Nägel

Werkzeug
- Zollstock
- Säge
- Schnitzmesser
- Hammer

Anleitung:

1 Latten unten anschrägen, dann läuft Regenwasser besser ab. Dazu ein scharfes Mora- oder Schnitzmesser verwenden.

2 Kantholz auf der Rückseite der Latten mit 1,5 Metern Zwischenraum auflegen. Ausmessen und Latten festnageln. Die Konstruktion umdrehen und ein Lattenstück als Stütze in der Spaliermitte festnageln.

3 Die Befestigungsart hängt von der Wandkonstruktion ab. Lassen Sie sich im Fachhandel beraten.

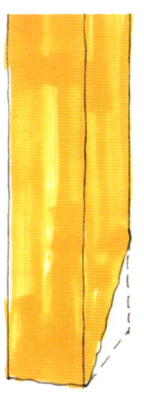

Latten unten anschrägen, dann fließt Regenwasser leichter ab.

Kiwibaum an dänischem Spalier an einer Backsteinmauer im Botanisk Have, Kopenhagen.

Abschirmung

Nahezu alle Bücher über Gartengeschichte beginnen mit dem *Hortus conclusus*, dem eingezäunten Gartenland des Mittelalters, umgeben von hohen Zäunen. Es galt, sich selbst und den Garten vor Räubern, Feinden und Wildtieren zu schützen. Vielfach ist das Sinnbild für einen Garten eine eingezäunte Fläche, abgeschirmt von der Umwelt.

Der Garten meiner Kindheit ging in den Wald hinter dem kleinen Dorf über. Der brachliegende Hang mit blauen Leberblümchen und Wacholderbüschen wurde belassen, wie er war – natürlich.

Die Natur war gut, wie sie war, meinten meine Eltern, man musste sie nicht formen oder leiten. Das Gras wurde manchmal mit der Sense gemäht. Glockenblumen, Hornklee, Margeriten, Steinbrech und Walderdbeeren fühlten sich am trockenen Hügel wohl.

Wildtiere waren jederzeit willkommen. Wir sahen häufig Rehe, Füchse und Dachse, manchmal auch den scheuen Luchs. Kamen Elche zu Besuch, standen wir andächtig am Küchenfenster und schauten zu, wie der König des Waldes mit seinen langen Beinen durch den Garten schritt.

Für meine Eltern waren normale Gärten künstlich, eine Art Inseln mit fremden, exotischen Gewächsen, die nicht in die schwedische Flora gehörten. Die Natur mit Wald, Hain und Wiese wurde als richtig und wahrhaftig betrachtet. Auf dem Naturland wurde allmählich ein Gemüseacker angelegt, Beerensträucher gesetzt und ein paar Tulpenzwiebeln an der Hauswand gepflanzt. Aber einen Zaun zwischen Wald und Garten aufzustellen war für meine Eltern ähnlich abwegig wie das Schneiden von Buchsbäumen oder das Anpflanzen solch exotischer, merkwürdiger Dinge wie Dahlien.

Die meisten Gärten brauchen Schutz vor Rehen, Nachbarn, Straßen oder vor dem Wind. Ein Zaun ist aber nicht nur dazu da, etwas ein- oder auszuschließen. Ein Zaun kann abgrenzen, Raum schaffen und schmücken.

Einfache Abgrenzung aus gekreuzten Zweigen, die in die Erde gesteckt werden.

Ungewöhnlicher Zaun mit schwarzlackierten Pfählen in zwei Reihen. Zweige und Reiser vom Winterschnitt dienen als Füllung.

Flechtzaun aus 3–4 Meter langen, geraden Haselruten, Standen House im Süden Londons. Die Pfosten sind dicht mit 30–40 Zentimetern Zwischenraum gesetzt.

Niedrige Abschirmung aus Haselzweigen zwischen Pfahlpaaren.

FLECHTZAUN

MATERIAL
- 3 Zaunpfähle pro Meter
- gerade Hasel- oder Weidenruten

WERKZEUG
- Vorschlaghammer
- Astschere

ANLEITUNG:

1 Die Pfähle ca. 30 Zentimeter in den Boden schlagen. Die Ruten zwischen die Pfähle flechten, abwechselnd vor und hinter den Pfählen.

2 Mit dem dicken Ende der ersten Rute beginnen. Bei der nächsten Rute mit dem dünnen Ende beginnen. Alle hervorstehenden Enden abschneiden, ca. 10 Zentimeter vom Pfahl entfernt.

Abwechselnd mit dem dicken und dünnen Ende der Ruten beginnen. Dann die Enden ca. 10 Zentimeter vom Pfahl kappen.

Die Klematis „Nelly Moser" schlingt sich am Bewehrungsnetz in die Höhe.

Bewehrungsnetz als Zaun

Material
- Holzpfähle 95 x 95 mm
- Bewehrungsnetz
- warmverzinkte Krampen

Werkzeug
- Bolzenschneider
- Hammer

Anleitung:

1 Die Pfähle im Boden verankern, siehe nebenstehende Beschreibung.

2 Bolzenschneider zum Schneiden des Bewehrungsnetzes verwenden, so dass es zwischen die Pfähle passt.

3 Bewehrungsnetz mit warmverzinkten Krampen an den Pfählen befestigen.

Die oberen Enden der Pfähle abschrägen und ein Holzstück als Abdeckung aufnageln. Dann wird das Ende vor Regen geschützt und der Pfahl hält länger.

Pfähle verankern

Welchen Typ Zaun oder Abschirmung man auch wählt, wichtig ist das Verankern der Pfähle. Praktisch sind fertige Betonsockel mit einbetonierten Pfostenträgern. Mindestens zwei Personen sind zum Aufstellen nötig. Die Sockel wiegen pro Stück mehr als 30 Kilogramm. Es ist einfacher, wenn eine Person ihn hält und die andere schraubt.

Material
- Betonsockel, 50 cm, mit Pfostenträger für Pfosten 95 x 95
- Kies oder Schotter
- Holzpfähle 95 x 95 mm
- warmverzinkte Bolzen und Mutter (Sechskantschrauben, 120 mm)

Werkzeug
- Spaten
- Schraubzwingen
- Wasserwaage und langes, gerades Brett
- Bohrmaschine
- 2 Schraubenschlüssel

Anleitung:

1 Kontrollieren, dass keine Abwasserrohre oder andere Leitungen an den Stellen liegen, an denen die Betonsockel platziert werden sollen.

2 Mit Stöcken und einer Schnur in gerader Linie markieren, wo die Pfähle stehen sollen. Der richtige Abstand zwischen den Pfählen beträgt 180 Zentimeter.

3 Schmale, aber tiefe Löcher (ca. 60 Zentimeter) für die Pfähle graben. Am Boden eine 10 Zentimeter dicke Kies- oder Schotterschicht auslegen, gut durch Stampfen mit dem Pfahl verdichten. Einen Pfahl in die Befestigung stellen und die senkrechte Position mit der Wasserwaage kontrollieren. Mit dem nächsten Pfahl genauso verfahren.

4 Mit einem geraden Brett und der Wasserwaage kontrollieren, dass alles auf einer Höhe liegt. Sonst die Pfähle mit Hilfe des Kieses am Boden justieren. Auffüllen und um die Pfähle verdichten.

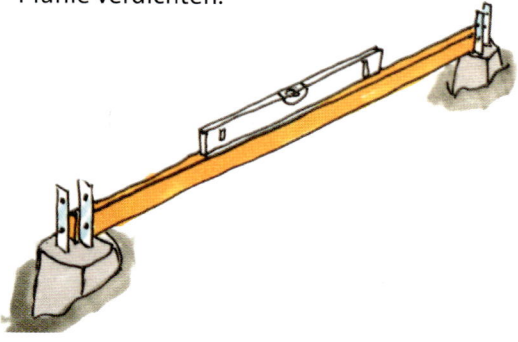

5 Einen Pfahl in den Träger setzen und mit einer Zwinge festspannen. Das Ende des Pfahls sollte nicht auf dem Beton aufliegen, ein Holzstück als Trennung dazwischen legen. Mit der Wasserwaage die gerade Position des Pfahls kontrollieren.

6 Mit dem Holzbohrer, der 1 Millimeter größer als die Bolzen ist, durchgehende Löcher in den Pfahl bohren. Pfahl aufrichten, mit der Wasserwaage ausrichten und mit Bolzen und Mutter verschrauben.

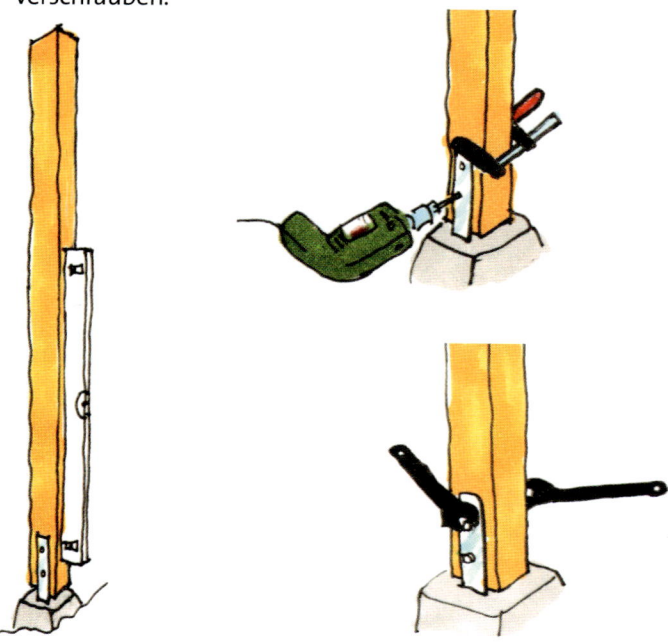

Klassischer Lattenzaun im Schrebergarten

Aufwändiger Lattenzaun mit Aufsätzen auf hohen Pfosten, Renaissancegarten am Tycho-Brahe-Museum auf der schwedischen Insel Ven.

Angespitzte gerade Kiefernpfähle, auf horizontale Planken genagelt, die wiederum an Pfosten befestigt sind.

ZÄUNE

Für einen Zaun oder eine Abgrenzung ist normalerweise keine Baugenehmigung erforderlich. Man sollte jedoch prüfen, was in der Gemeinde gilt und die Nachbarn über das Vorhaben informieren.

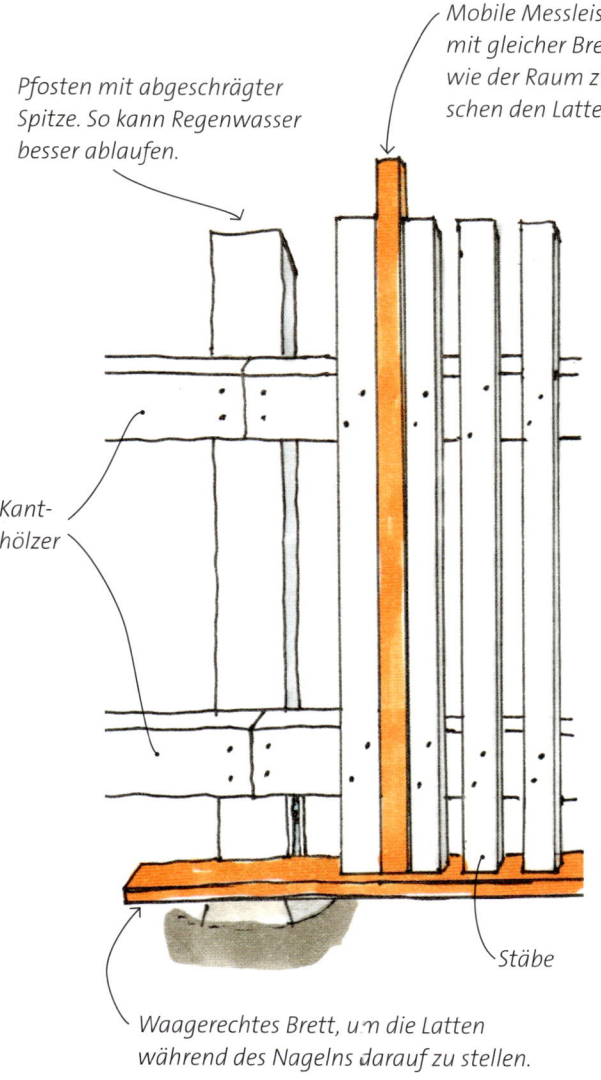

Pfosten mit abgeschrägter Spitze. So kann Regenwasser besser ablaufen.

Mobile Messleiste mit gleicher Breite wie der Raum zwischen den Latten.

Kanthölzer

Stäbe

Waagerechtes Brett, um die Latten während des Nagelns darauf zu stellen.

MATERIAL
- Holz für Latten, 19 oder 25 mm dick, Breite nach Wahl
- Kantholz, 38 x 75 mm
- warmverzinkte Stauchkopfnägel
- Leinöl

WERKZEUG
- Säge
- Hammer
- Zollstock
- Lappen

ANLEITUNG:

1 Kantholz und Latten mit Leinöl streichen. Etwas warten und dann Öl, das nicht ins Holz eingezogen ist, abtrocknen. Die Lappen in Wasser legen, da Leinöl selbstentzündlich ist. Stellt man die unteren Lattenenden für einige Stunden in einen Behälter mit Leinöl, wird das Holz einigermaßen vor Vermodern geschützt.

2 Mitte der Pfosten ausmessen und markieren. Hier werden die Kanthölzer angebracht. Ein Kantholz mit zwei Nägeln befestigen. Mit der Wasserwaage die gerade Position kontrollieren.

3 Das nächste Kantholz neben dem ersten anbringen. Mit dem unteren Kantholz fortsetzen, waagerechte Position genau mit der Wasserwaage kontrollieren.

4 Ein Brett unter die Pfosten legen, über die Betonsockel, auf dem die Latten während des Annagelns stehen können.

5 Eine mobile Messleiste, so breit wie der Zwischenraum der Latten, erleichtert die Arbeit. Man spart sich den Zollstock und das Ausmessen jeder Latte. Lässt man die Leiste beim Nageln am Platz, verrutscht die Latte nicht.

EINFACHER LATTENZAUN

Auch wenn der Zaun niedrig sein soll, müssen mindestens zwei Kanthölzer zum Festnageln der Latten vorhanden sein. Es gibt Kanthölzer mit angefaster Kante, so dass Regenwasser abläuft, statt zwischen Kantholz und Pfahl zu laufen.

Im Topf

Betontopf, gegossen in zwei großen Maurerkübeln. An der Innenseite des großen Kübels haben wir Laub festgeklebt, um den Abdruck im Beton zu erhalten. Den Leim haben wir aus Weizenmehl und Wasser hergestellt.

Während meiner ersten Jahre als Gartenbesitzer habe ich Töpfe verbannt. Mir taten die Pflanzen in den Kübeln einfach leid, dass sie so eng in wenig Erde stehen mussten, das konnte doch nicht gut sein?

Jetzt habe ich gelernt, dass viele Pflanzen gern in Töpfen stehen, beispielsweise Sommerblumen, Funkien und Lilien. Sie müssen sich nicht mit allen anderen im Beet drängen und werden nicht von Schnecken gefressen. Irgendwie habe ich ein anderen Verhältnis zu den Pflanzen, die ich in Kübeln anpflanze. Die Pflanzen, die ich in die Beete setze, kann ich sich selbst überlassen, aber die in den Töpfen muss ich kontrollieren, weil ich weiß, dass sie ganz davon abhängig sind, dass ich sie gieße und dünge.

Aber es müssen große Töpfe sein, die Feuchtigkeit bewahren und stabil stehen. In Maurerkübeln kann man selbst robuste Betonkübel gießen, die ganzjährig im Freien stehen, nie umgeweht und mit der Zeit immer schöner werden.

Betonkübel aus alten Maurereimern. Betonreste, die sich in den Eimern abgesetzt haben, sind die Ursache für die Abdrücke im Kübel.

Grosser Betonkübel

Für einen Riesentopf sind ein runder 90-Liter-Maurerkübel als äußere und ein 65-Liter-Kübel als innere Form geeignet. Der fertige Betonkübel hat ein Fassungsvermögen von 65 Litern Erde, ausreichend für einen kleineren Baum. Der Kübel wird sehr schwer, man kann ihn nicht einfach im Garten umstellen.

Als kleineren Maurereimer kann man einen normalen 15-Liter-Plastikeimer als Innenform verwenden. Zwischen den Kübeln muss mindestens 2,5 Zentimeter Zwischenraum sein, wenn man den kleinen in den großen setzt. Abdrücke von Maßeinteilungen und Litermarkierungen führen zu Abdrücken im Beton, die mit Schleifpapier beseitigt werden können.

Unebenheiten im Kübel hinterlassen in der neuen Betonoberfläche Abdrücke. So sehen die fertigen Kübel fast wie aus Sandstein aus. Man muss eine dicke Schicht Vaseline verwenden, sonst haftet der Eimer am frischen Beton. Kübel, die in neuen Mauerkübeln gegossen werden, erhalten eine glatte, gleichmäßige Oberfläche.

Material
- 2 Säcke Feinbeton
- 1 runder Maurerkübel, 90 Liter
- 1 runder Maurerkübel, 65 Liter
- weiße Vaseline
- 3 Weinkorken
- Sand oder ein paar Steine
- Kaninchendraht oder Putznetz

Werkzeug
- Spaten oder Glättkelle
- Eimer zum Betonmischen
- grobes Schleifpapier
- Kneifzange

Anleitung:

1 Innenseite des großen und Außenseite des kleinen Kübels mit weißer Vaseline einschmieren.

2 Zur Verstärkung kann ein Zylinder aus Kaninchendraht geformt werden. Kneifzange verwenden und den Zylinder mit den losen Enden in den ausgeschnittenen Maschen befestigen.

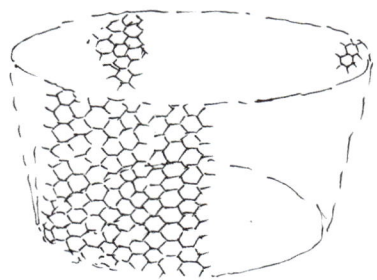

3 Einige Liter Betonpulver in den Eimer schütten. Schrittweise Wasser hinzugeben, mit Spaten oder Maurerkelle zu einem dicken, zähfließenden Brei rühren. Beton in den Boden bis auf ca. 4 Zentimeter Höhe des großen Kübels gießen. Drei Weinkorken hineindrücken. Das werden die Entwässerungslöcher im fertigen Kübel.

4 Den kleineren in den großen Kübel stellen, auf Korken und Beton. Darauf achten, dass er möglichst in der Mitte platziert wird. Mit ein paar Steinen oder Sand beschweren. Den Zylinder aus Kaninchendraht hineinstellen. Beton in den Zwischenraum der beiden Formen schöpfen und gut hinunterdrücken. Wenn die erste Partie aufgebraucht ist, mehr Beton anmischen.

5 Beton bis unter den Handgriff des inneren Kübels auffüllen. An den Außenkübel klopfen, so dass der Beton etwas schwappt. Dann steigen möglicherweise eingeschlossene Luftblasen an die Oberfläche. Einen Müllsack darüberziehen und zwei Tage aushärten lassen.

6 Die Steine entfernen und die Innenform herausziehen. Die äußere Form kräftig rundum dehnen. Die Form umdrehen und leicht mit einem Gummiklotz oder Holzstück dagegen klopfen, bis sich der Kübel löst.

7 Die Korken herausdrücken und die Kanten mit grobem Schleifpapier schleifen.

8 Eimer und Werkzeug sofort reinigen. Den Eimer mit Beton gut auskratzen. Vielleicht reicht der Rest für ein kleines Gießprojekt, z. B. einen Kerzenleuchter? Wasser in den Eimer schütten, mit einer ausrangierten Spülbürste schrubben und dann mit Wasser stehen lassen. Dann sinkt der Schlamm zu Boden, das Wasser kann herausgegossen und die letzten Betonreste mit einem Lappen herausgenommen werden.

Die Korken werden in den Betonboden eingegossen. Ist der Beton ausgehärtet, können die Korken herausgeschlagen werden. Die Entwässerungslöcher sind fertig.

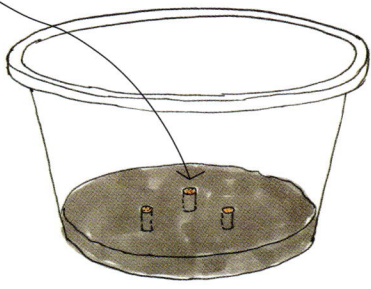

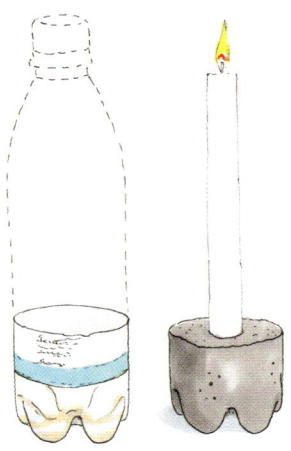

Etwas Beton in eine abgeschnittene Plastikflasche füllen, eine Kerze hineindrücken. Darauf achten, dass sie gerade steht. Zwei Tage aushärten lassen.

Darauf achten, dass Handgriff und Rand des Innenkübels nicht im Beton eingegossen werden. Dann ist es schwerer, den Kübel zu lösen.

Das Kaninchengitter muss ungefähr in der Mitte der Betonschicht sitzen.

Der Sand im Innenkübel bewirkt, dass dieser nicht aufschwimmt.

Hypertufa

Lange war die Anzucht alpiner und anderer empfindliche Pflanzen in Tierfuttertrögen aus Naturstein unter Gartenfreunden beliebt. In Steintrögen herrscht ein gutes Mikroklima. Als die Natursteintröge auf dem Land zur Neige gingen, kam eine erfindungsreiche Person auf die Idee, Tröge künstlich aus einer Beton-Torf-Mischung herzustellen. Das Material wurde Hypertufa getauft, da es Tuff ähnelt, einer porigen, löchrigen Kalksteinart.

Der Torf macht die Betonoberfläche grobporig und porös, was besser für die Pflanzen ist als normaler Beton.

Viereckige Hypertufatröge gießt man in Pappkartons verschiedener Größen. Der Karton weicht durch den nassen Beton etwas auf, so dass der fertige Trog eine abgerundete Form erhält. Packband um den Außenkarton kleben, damit er die Form nicht ganz verliert. Den inneren mit Sand füllen, so dass er sich nicht nach innen biegt. Die Beschreibung der Hypertufamischung auf der nächsten Seite befolgen und ca. 4 Zentimeter in den Boden des großen Kartons füllen. Einige Weinkorken hineindrücken, sie bilden später die Entwässerungslöcher. Den kleineren Karton hineinstellen und Zwischenraum mit Hypertufa füllen.

Hypertufa-Kübel

Mischt man Torf in den Beton, erhält man ein poröseres Material, Hypertufa. Es benötigt mehr Zeit zum Trocknen als normaler Beton und kann im halbfesten Zustand noch geformt werden. Am besten mischt man Torf mit Sand und Zement, nicht mit Feinbeton. Standardzement, Maurer- und Putzsand sind in Baumärkten erhältlich, ungedüngter Torf in Ballen wird im Gartenhandel verkauft.

Schalungsrohre aus Pappe (aus dem Baumarkt) sind ausgezeichnet als Formen für Hypertufa-Töpfe geeignet. Stellt man ein kleines in ein großes Rohr, müssen ca. 4 bis 5 Zentimeter Zwischenraum vorhanden sein. Dieser Topf hat keinen Boden. Am besten wird er vor Ort im Garten an seinem späteren Standort gegossen.

Material
- 1 Schalungsrohr, Durchmesser ca. 300 mm
- 1 Schalungsrohr, Durchmesser ca. 190 mm
- Sand (Maurer- oder Putzsand)
- Standardzement
- ungedüngter Torf
- Weinkorken
- Müllbeutel

Werkzeug
- Eimer zum Mischen
- Schaufel oder Glättkelle zum Mischen
- Säge
- Messer, Stahlbürste

Anleitung:

1 Schalungsrohr auf die Höhe kürzen, die der fertige Topf haben soll. Das kleinere Rohr in das große stellen.

2 1 Teil Zement mit 1 Teil Sand und 1,5 Teilen Torf mischen. Große Torfstücke zerkleinern. Schrittweise Wasser zugeben und rühren, bis der Brei dick und bauschig ist.

3 Den Zwischenraum zwischen den Rohren füllen. Den Hypertufa-Brei mit einer Schaufel oder einem Stab hineindrücken.

4 Eimer und Werkzeug reinigen, bevor die Hypertufa-Reste anbacken. Eimer gut auskratzen. Wasser in den Eimer gießen, mit einer ausrangierten Spülbürste schrubben und stehen lassen. Der Schlamm sinkt zu Boden und das Wasser kann abgeschüttet werden. Hypertufa-Reste mit einem Lappen abtrocknen.

5 Schalungsrohre beschweren. Alles mit einem Müllbeutel abdecken und zwei Tage aushärten lassen.

6 Schalungsrohr in Streifen abnehmen. Pappe anfeuchten, dann geht es leicht. Kanten ebnen und mit Messer oder Stahlbürste eventuell Kerben und Kanten im Hypertufa anbringen, damit er Sandstein ähnelt. Das innere Schalungsrohr kann weitere 2 Tage am Platz bleiben, bis es herausgerissen wird.

In der Höhe

Surrende Grillen, Tropfen, die auf das Laub prasseln und das Rascheln der Baumwipfel, wenn sich ein Affe von Ast zu Ast schwingt, in zwanzig Metern Höhe. Auf einer Reise nach Borneo machten die Stille des Regenwaldes, das dunkelgrüne Licht und das kompakte Grün großen Eindruck auf mich.

Im Dschungel wächst es nicht von unten nach oben wie im gemäßigten Klima. Es wächst aus allen Richtungen, überall, von oben herab, quer und in der Höhe. Lianen, Orchideen und andere Epiphyten, die hoch oben in den Astgabeln wachsen, hängen herunter und Kletterpflanzen schlingen sich seitlich herein. Die enorme Wuchskraft und die feuchte, sauerstoffgesättigte Luft verzauberten mich. Oder erweckten meine Liebe zum Dschungel.

Ich habe viele Kletterpflanzen gesetzt, um zu Hause im Garten Üppigkeit auch in der Höhe zu erreichen. Hopfen und Geißblatt winden sich um Pfähle und die Rose „New Dawn" klettert an einer Pergola. Wie auf Borneo wird es natürlich nie, aber trotzdem herrscht so ein bisschen Dschungelgefühl in unseren nordischen Breitengraden.

Der Künstler Calle Gustavsson hat in seinem Garten auf Österlen einen Dschungel aus Kletterrosen erschaffen. Die japanische Kletterrose, „Rosa multiflora", bildet sechs Meter lange Ranken, die sich auf Holunderbüsche und alte Baumstämme stützen. „Venusta Pendula" wächst an robusten Holzgerüsten, die Calle gezimmert hat. Um in den Garten zu gelangen, muss man durch ein Tor gehen und die gefüllten, rosa Blütenkugeln der „Paul's Himalayan Musk" bewundern. Ein anderes solides Portal trägt die Rosa helenae „Hybrida" und Rosa helenae „Aksel Olsen". Die beiden Rosen sind bis nach oben gewachsen und verbergen die Konstruktion fast. So war es auch gedacht.

Rosenportal à la Calle

Calles Rosenportal ist 2,5 Meter hoch und 2,5 Meter breit, passend für die kräftige, hochwüchsige Kletterrose „Aksel Olsen". In einem kleineren Garten kann ein kleineres Portal passender sein, man muss jedoch bequem mit der Schubkarre oder auch einem Kinderwagen hindurchgehen können.

Material
- 4 Bodenanker mit Pfostenträger für Pfosten 50 x 50 mm
- 6 ungehobelte Kanthölzer, 50 x 50 mm, Länge 2,50 m
- 14 ungehobelte Kanthölzer, 50 x 50 mm, Länge 0,5 m
- 8 Bolzen und Muttern 6 mm
- 4 starke Winkeleisen (Baubeschlag)
- Holzschrauben
- Leinöl

Werkzeug
- Zollstock
- Vorschlaghammer
- Säge
- Schraubenzieher
- Wasserwaage

Anleitung:

1 Standort für die Bodenanker sorgfältig ausmessen. Einen Holzklotz in den Bodenanker setzen und mit dem Vorschlaghammer etwa 15 bis 20 Zentimeter in den Boden schlagen. Eine langes Kantholz einsetzen und mit der Wasserwaage kontrollieren. Ist ein Anker schief, wird er ein Stück herausgezogen, in die andere Richtung geneigt und wieder eingeschlagen, bis sich nur noch der Pfostenträger über der Bodenoberfläche befindet.

2 Alle Teile für das Portal zurechtsägen, mit Leinöl behandeln, eine Stunde warten und Öl, das nicht ins Holz eingedrungen ist, aufnehmen. Lappen in Wasser legen, da Leinöl selbstentzündlich ist.

3 Aus den Kanthölzern wie auf der nächsten Seite gezeigt drei Spaliere herstellen. Mit Holzschrauben verbinden. Die Spaliere müssen gleich lang und breit sein, das stehende Spalier hat jedoch fünf Sprossen, das liegende nur vier.

4 Spaliere in den Bodenankern setzen und mit der Wasserwaage ausrichten. Das obere, waagerechte Spalier probeweise auflegen und korrekte Lage kontrollieren.

5 Löcher gerade durch die stehenden Spaliere bohren, durch die Löcher der Pfostenträger. Spaliere dann mit Schrauben und Muttern in den Bodenankern befestigen.

6 Das obere Spalier mit kräftigen Winkeleisen an den beiden stehenden befestigen.

Das waagerechte Spalier mit kräftigen Winkeleisen mit den stehenden verbinden.

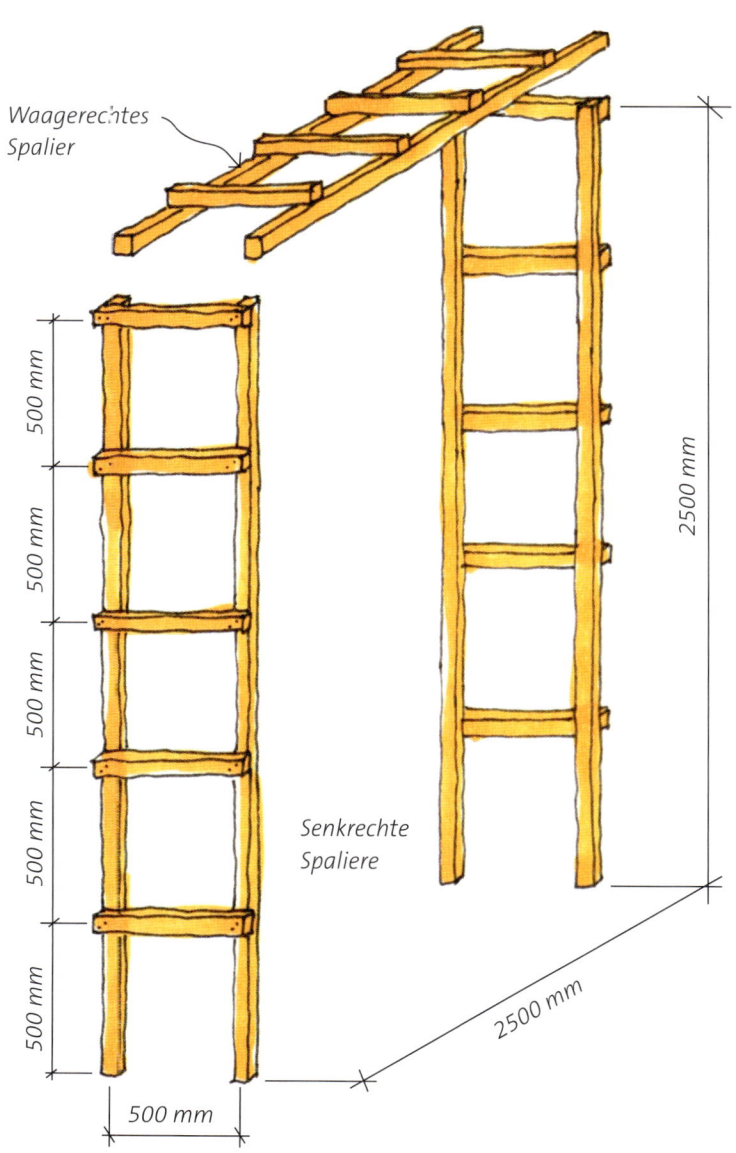

Waagerechtes Spalier

Senkrechte Spaliere

500 mm

2500 mm

2500 mm

500 mm

Pergola ohne Nägel

In meinem Garten habe ich eine Pergola aus Zaunpfählen und Rundstäben aufgestellt. Statt mit Nägeln oder Schrauben habe ich die Teile mit geteerter Schnur verbunden. Zaunpfähle und Rundstäbe sind im Baumarkt erhältlich. Geteerte Schnur habe ich im Gartenhandel gefunden.

Material
- 6 Zaunpfähle, Länge 2,5 m
- Rundstäbe 45 mm in zwei Längen, etwa 2,4 m
- Rundstäbe 33 mm in zwei Längen, etwa 1,2 m
- geteerte Schnur
- Leinöl

Werkzeug
- Pinsel und Lappen
- Zollstock
- Schraubzwinge
- Wasserwaage
- Schere

Anleitung:

1 Alle Teile mit Leinöl behandeln, eine Stunde warten und Öl, das nicht ins Holz eingedrungen ist, aufnehmen. Die Lappen in Wasser legen, da Leinöl selbstentzündlich ist.

2 Den Standort der Pfähle ausmessen und ca. 50 Zentimeter tiefe Löcher ausheben. In Sandboden oder in Boden mit vielen Steinen müssen Löcher gegraben werden, in denen die Pfähle eingegossen werden. Alternativ können fertige Sockel mit Pfostenträgern verwendet werden.

3 Pfähle aufstellen und gerade Stellung mit der Wasserwaage kontrollieren. Dann mit Steinen in den Spießlöchern verkeilen.

4 Zum Aufstellen der langen Rundstäbe zu zweit arbeiten, eine Person hält fest, die andere verschnürt. Es reicht, die waagerechte Stellung der Rundstäbe nach Augenmaß zu kontrollieren.

5 Auf einem kräftigen Tritt stehend habe ich die kurzen Rundstäbe verzurrt. Ich habe Würgeknoten verwendet, die nahezu unlösbar sind, wenn sie einmal zugezogen sind. Die geteerte Schnur hat eine lange Lebensdauer. Trotzdem überprüfe ich die Verbindung jährlich und tausche defekte Teile aus.

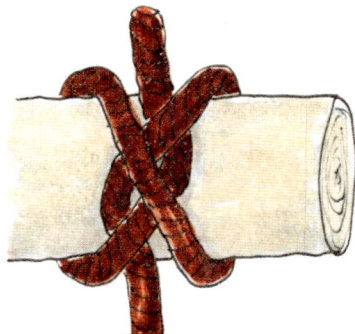

Würgeknoten

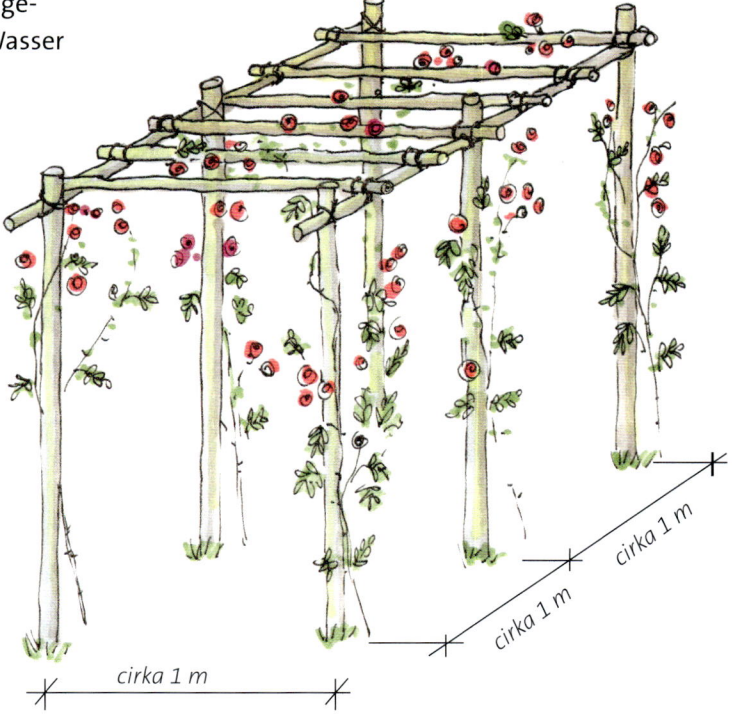

cirka 1 m · cirka 1 m · cirka 1 m

Klematis- und Rosenturm

Klematis und Kletterrosen verleihen dem Garten Höhe, wenn sie eine Rankhilfe erhalten, z. B. einen klassischen Rankturm mit schmückender Kugel. Den Turm mit Leinöl oder Tischlerfarbe für den Außenbereich behandeln.

Material
- ungehobeltes Holz, 25 x 25 mm, 4 Längen mit ca. 1,6 m für die Stützen und gut 5 laufende Meter für die horizontalen Streben
- warmverzinkte Nägel
- Krocketkugel oder andere Holzkugel
- Holzleim

Werkzeug
- Schnitzmesser
- Säge
- Hammer

Anleitung:

1 Stützen mit dem Schnitzmesser anspitzen. Stützen wie auf der Skizze paarweise auslegen und Stücke für die Horizontalstreben aufnageln. Überstehende Abschnitte der Horizontalstreben absägen.

2 Die beiden Spaliere aufrichten und die übrigen Horizontalstreben annageln. Am besten zu zweit arbeiten, eine Person hält fest, die andere nagelt.

3 Die Holzkugel muss nur aufgeleimt werden, mit Holzleim für den Außenbereich.

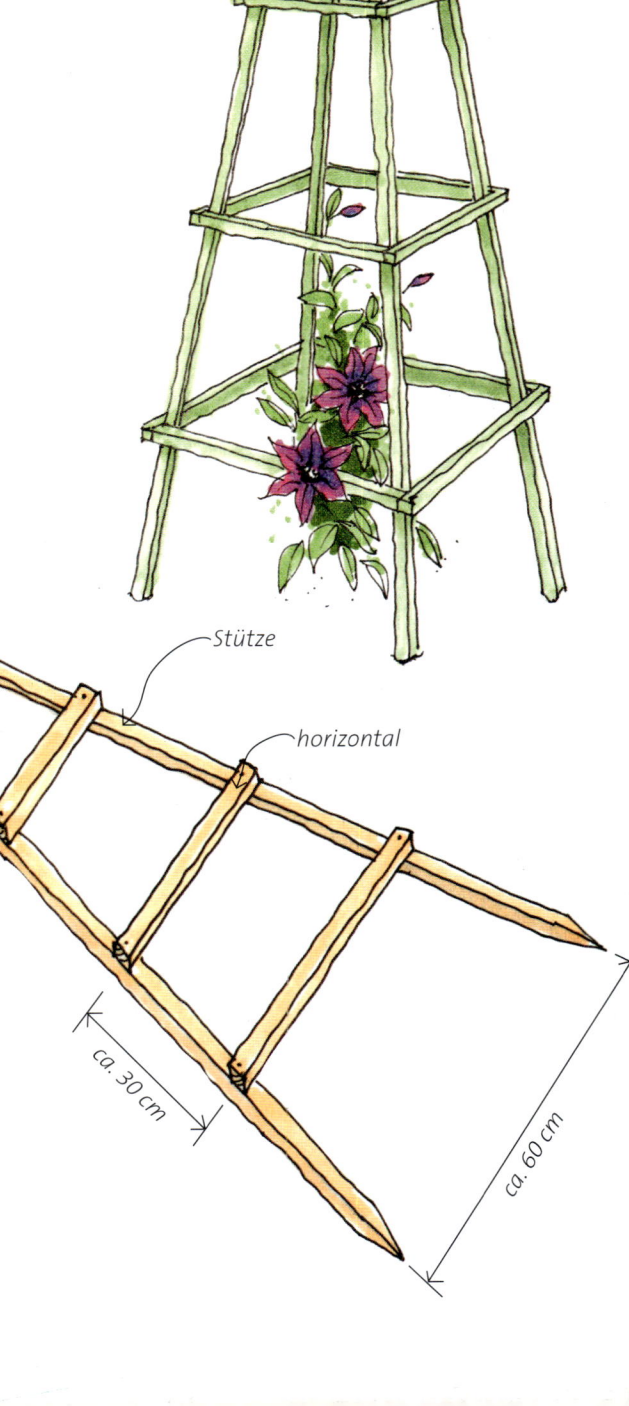

Rosenturm aus verzurrten Pfählen im berühmten Garten von Vita Sackville-West bei Sissinghurst Castle in Südengland.

Vier in den Boden gesteckte Stäbe, verbunden mit Schnur – einfacher geht es nicht!

Am Boden

Ein Kompost kann ganz unterschiedlich gestaltet werden. Er kann ein einfacher Haufen aus Grasschnitt, Gemüseabfällen und Wildkraut in einer Gartenecke sein. Oder ein Spezialbau mit vielen Fächern, in denen Mischungen unterschiedlicher Reife im Morgendunst dampfen.

In allen Komposthaufen geht jedoch dasselbe vor, egal, wie fortschrittlich sie sind – derselbe Prozess wie überall im Boden, wenn Pflanzen sterben, ihr Laub verlieren und verrotten. Mikroorganismen und Würmer bauen Zweige, Schalen und Blätter zu neuer Erde ab, aus der die Pflanzen ihre Nahrung ziehen. Das alles läuft in einigen Zentimetern der oberen Erdkruste statt, der dünnen, Mutterboden genannten Schicht, von der wir alle so sehr abhängig sind.

Mein Kompost ist eine einfache Holzkonstruktion mit zwei Fächern. Ich bin nicht so genau beim Umgraben und Wässern des Komposts, wie ich sein sollte. Aber die Erde entsteht nach und nach, auch wenn es Zeit braucht.

Damit ein Kompostfach gut funktioniert, muss es mindestens 1 x 1 x 1 Meter groß sein und im Schatten oder Halbschatten stehen, dann trocknet es nicht so schnell aus.

Reihe aus Kompostkisten im Garten bei Fenton House in London. Die Bretter können aufgestockt werden, wenn der Kompost in die Höhe wächst.

Kompost aus Holz mit drei Seiten

Material
- 4 Kiefernpfosten, 75 x 75 mm, Länge ca. 1,3 m
- 21 Bretter, 21 x 120 mm, Länge 1 m
- Holzschrauben
- Leinöl

Werkzeug
- Axt
- Pinsel und Lappen
- Wasserwaage
- Zollstock
- Schraubenzieher
- Hammer

Anleitung:

1 Pfosten mit der Axt anspitzen. Alle Kompostteile mit Leinöl behandeln und einige Stunden trocknen lassen. Überschüssiges Öl abnehmen. Die Oberfläche darf sich nicht mehr klebrig anfühlen. Den Lappen in Wasser legen, da Leinöl selbstentzündlich ist.

2 Den ersten Pfosten (eine hintere Ecke) mit dem Vorschlaghammer oder Axtrücken einschlagen. Mit der Wasserwaage die senkrechte Position kontrollieren. Platz für den nächsten Pfosten (andere Ecke hinten) ausmessen. Die Pfosten müssen etwa 300 Millimeter in den Boden geschlagen werden.

3 Die Position für die vorderen Eckpfosten ausmessen. Kontrollieren, dass die Kompostdiagonalen gleich lang sind – dann stehen die Ecken im rechten Winkel. Pfosten einschlagen.

4 Alle Bretter an drei Seiten verschrauben. Zwischen den Brettern muss ein Zwischenraum von einigen Zentimetern vorhanden sein. Am besten mit zwei Personen arbeiten, um die Pfosten auszurichten.

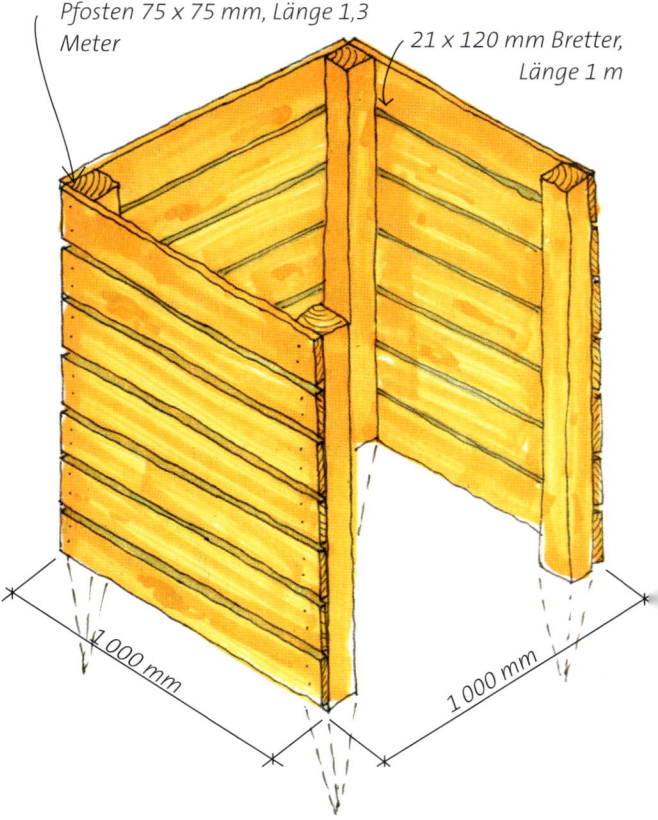

Pfosten 75 x 75 mm, Länge 1,3 Meter

21 x 120 mm Bretter, Länge 1 m

1 000 mm

1 000 mm

Einfacher Kompost aus zusammengenagelten Lastpaletten.

Gemauerter Kompost

Der große Kompost auf der nächsten Bildseite ist aus Blähtonblöcken gemauert, auch Leca genannt. Die Blöcke sind im Verband verlegt, die Verbindungen liegen nicht direkt übereinander, sondern sind versetzt. Die Außenseite wurde verputzt, aber nicht gestrichen. Ein gemauerter Kompost steht jahrelang und braucht wenig Pflege.

Die Beschreibung bezieht sich auf einen kleineren, einfacher gemauerten Kompost mit einem Fach.

Material
- Putz- oder Maurermörtel, Sack mit 25 Kilo
- Sand oder Kies
- 14 dünne Blähtonblöcke, 70 x 190 x 590 mm

Werkzeug
- Spaten
- Wasserwaage
- Hammer und Meißel oder Hartmetallsäge
- Wasserschlauch mit Duschaufsatz
- Eimer zum Mischen
- Maurerkelle
- weiche Bürste

Anleitung:

1 Eine Grube entsprechend der Kompostgröße mit 30 Zentimetern Tiefe graben. Bis zur Erdoberfläche mit Sand füllen und verdichten. Oberfläche mit der Wasserwaage kontrollieren.

2 Einen der Blöcke in vier Stücke mit 70 x 70 Millimetern und 2 Stücke von 70 x 140 Millimeter trennen. Zwei weitere Stücke mit 70 x 140 Millimeter abtrennen. Mit Hammer und Meißel eine Kerbe in den Block schlagen. Dann auf eine Kante legen und mit dem Hammer brechen. Die Bruchfläche muss nicht ganz eben sein. Der Block kann auch mit der Hartmetallsäge zersägt werden. Erste Schicht Mauerblöcke auslegen.

3 Maurermörtel nach Anweisung anmischen. Ein paar Zentimeter auf die erste Schicht auftragen und die nächste Schicht darauf andrücken. Mörtel, der aus den Fugen dringt, abkratzen. Mit versetzten Reihen fortfahren. Auch in die senkrechten Fugen etwas Mörtel geben. Mit der Wasserwaage kontrollieren.

Verputzen

Mörtel nach Anweisung auf der Verpackung anmischen. Den ganzen Kompost kräftig wässern, damit alle Flächen feucht werden. Maurer arbeiten mit der Maurerkelle und werfen den Mörtel an den Mauerblock, dann hält er leichter. Fläche mit der breiten Seite der Mauerkelle glätten und zum Schluss mit einer weichen Bürste oder einem ausgedrückten Schwamm. Den Kompost mit Folie abdecken und mit einer Feindusche aus dem Schlauch in den ersten 24 Stunden feucht halten.

Beispiel für Gatter

Zwei schmale Kanthölzer auf der Innenseite des Kompostfachs laut Abbildung anschrauben. Bretter zusägen, die zwischen Kanthölzern und Mauer hinunter geführt werden können. Die Bretter können einzeln zum Leeren des Kompostes herausgenommen werden.

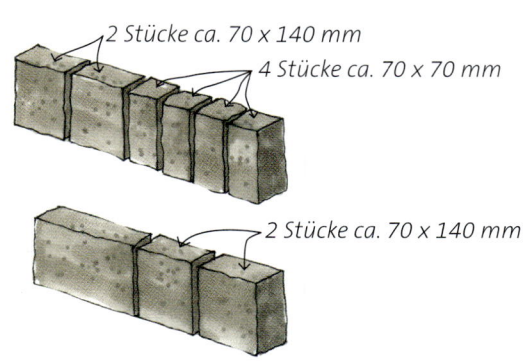

2 Stücke ca. 70 x 140 mm
4 Stücke ca. 70 x 70 mm
2 Stücke ca. 70 x 140 mm

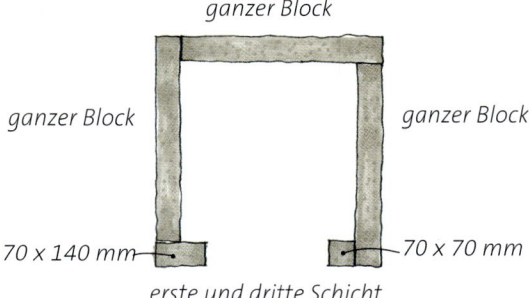

ganzer Block
ganzer Block *ganzer Block*
70 x 140 mm *70 x 70 mm*
erste und dritte Schicht

70 x 70 mm
zweite und vierte Schicht

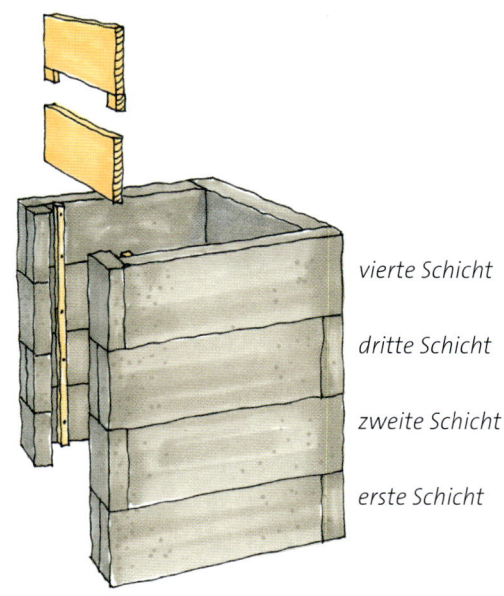

vierte Schicht
dritte Schicht
zweite Schicht
erste Schicht

Alte Bäume

Die alten Ulmenstümpfe sind geblieben und werden langsam von Moos überwuchert. Außerdem dienen sie Insekten als Nahrung und Unterkunft.

Als wir unser Haus kauften, ragten zwei alte Ulmen darüber. Sie waren beim Bau des Hauses Anfang des 19. Jahrhunderts gepflanzt worden. Die Ulmen waren gut dreißig Meter hoch und ihre Kronen bestimmt zehn Meter breit. Es war, als wachten sie über das Haus und schützten uns, die Bewohner. Die Stämme maßen über einen Meter Durchmesser. Unter ihnen zu stehen und hoch in das üppige Laub zu schauen, war ein erhebendes Gefühl. In einem Sommer aber begannen die Blätter bereits im Juli, braun zu werden. Da wussten wir, dass die Bäume von der Ulmenkrankheit befallen waren. Es blieb uns nichts übrig, als sie abzusägen.

Als die Stämme beinah durchgesägt waren, die Seile gespannt und der Traktor den ersten Baum umreißen sollte, versteckte ich mich im Gewächshaus und hielt mir die Ohren zu. Aber ich konnte fühlen, wie der Boden bebte, als er zu Boden fiel. Ich habe diese Bäume lange wie zwei liebe alte Freunde betrauert.

Seit die Ulmen verschwunden sind, habe ich viele andere Bäume fällen müssen, die zu alt waren oder zu dicht standen. Das ist immer wieder traurig. Bäume sind fantastische Wesen und gehören zu den größten, ältesten Lebewesen der Erde. Einige Stümpfe und Stämme blieben stehen, um darauf sitzen oder Töpfe aufstellen zu können. So leben die Bäume auf andere Art im Garten weiter.

BAUMSTUMPFHOCKER

Baumstumpf mit ebener Fläche auswählen. Risse mit Spachtel für den Außenbereich füllen, Metallspachtelmasse verwenden und eine möglichst gleichmäßige Fläche schaffen. Spachtelmasse trocknen lassen und dann mit Sandpapier schleifen. Mit Tischlerfarbe für den Außenbereich anstreichen. Zur Haltbarkeit mit Transparentlack für den Außenbereich, zum Beispiel Bootslack, lackieren.

HOCKER AUS HOLZVERSCHNITT

Aus Resten von Vierkantholz und Holzstücken nagle ich einfache Hocker und kleine Tische für Blumentöpfe oder Kaffeetassen. Die Reste der Vierkanthölzer werden zu Beinen, die ich mit Hilfe von passenden Bretterstücken zusammenfüge, immer zwei Nägel in jedes Holzstück. Mit warmverzinkten Stauchkopfnägeln oder Drahtnägeln vernageln. Als Sitz nehme ich dünnere Holzstücke oder Latten.

Schnell zusammengenagelte Hocker sind nicht besonders haltbar, das Holz verrottet und die Nägel lockern sich. Nach ein paar Jahren im Freien sind sie unbrauchbar und landen in der Walpurgisnacht im Feuer. Haltbare Hocker müssen vorgebohrt und verschraubt werden.

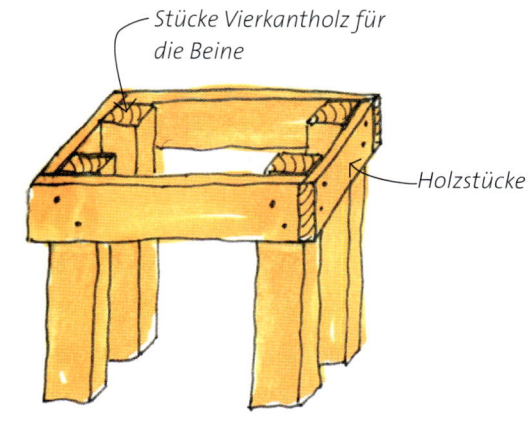

Stücke Vierkantholz für die Beine

Holzstücke

Möblierung aus entrindeten, gestrichenen Stümpfen.

dünnere Holzstücke oder Latten als Sitz

Mosaik

Die Außenklasse am Drömmarnas Hus ist umgeben von einem hohen Spalier aus Bewehrungseisen und alten Lattenrosten, Design von Åsa Johansson. Die Betonplatten des Mosaiktisches ruhen auf Betonpfeilern aus Ortbeton, gegossen in Schalungsrohren. Die Tische sind eine robuste, verschleißbeständige Außenmöblierung.

In Rosengård, einem Stadtteil von Malmö, liegt das Haus der Träume, Drömmarnas Hus, ein Aktivitätshaus für Kinder und Jugendliche. Hier wird für Theatervorstellungen geprobt, werden Filme gedreht, Chorkonzerte und Ausstellungen geboten – von und mit Kindern und Jugendlichen mit ihren Fragen und Statements als Ausgangspunkte. Drömmarnas Hus liegt in einem alten Herrenhaus in Rosengård. Im schönen Garten haben die Kinder und Pädagogen viele Projekte ins Leben gerufen, so auch Gemüseanbau und eine Küche im Freien. Vor der Orangerie befinden sich im Außenklassenraum vier große Tische mit Mosaikmotiven der vier Jahreszeiten. Hier können Stunden gegeben und Spiele gespielt werden. Das Mosaik haben die Kinder der Rosengård-Schule mit Hilfe der Pädagogen des Drömmarnas Hus gelegt. Das Motiv wurde zunächst auf Papier skizziert, doch beim eigentlichen Legen blieb trotzdem Raum für spontane Ideen. Die Tischplatten sind aus Beton gegossen, werden von robusten Betonröhren getragen und stehen ganzjährig im Freien.

Für Mosaiktische, die im Garten stehen, müssen frostbeständige Teile verwendet werden. Die meisten Glasmosaikteile sind frostbeständig, Fliesen sollte man jedoch nicht nehmen, sie brechen bei Frost. Der Kleber, mit dem die Mosaikstücke befestigt werden, und die Fugenmasse als Füllung für die Zwischenräume müssen frostbeständig sein. Im Farbhandel und Baumarkt sind frostbeständige Kleber und Fugenmasse erhältlich. Glasmosaik gibt es im Fliesenfachgeschäft und im Hobbyladen.

Schön ist es, wenn alle Mosaikstücke auf derselben Ebene liegen und keines hervorsteht. Dann ist die fertige Fläche glatt und fühlt sich schön an.

TISCHPLATTE MIT MOSAIK

Damit der Mosaiktisch ganzjährig im Freien stehen kann, muss auch die Platte frostbeständig sein. Es ist nicht schwer, eine kleine Tischplatte aus Beton zu gießen, siehe Seite 114. Ein Mosaik kann auch auf einer Tischplatte aus Metall verlegt werden (Typ Caféhaustisch).

MATERIAL
- Tischplatte aus Beton oder Metall
- Grundierung (für Beton- und Holzflächen, sie müssen zur besseren Haftung vorbehandelt werden)
- Fliesenkleber für den Außenbereich
- Fliesenfugenmasse für den Außenbereich
- Glasmosaik (frostbeständig)

WERKZEUG
- Gummispachtel oder Teigschaber zur Zubereitung des Klebers und der Fugenmasse
- Gummihandschuhe
- Küchenschwamm, Lappen

1 Zunächst einige Entwürfe auf Papier zeichnen. Eventuell einige Hilfslinien auf der Tischfläche ziehen, dann kann das Motiv besser ausgerichtet werden.

2 Grundierung auftragen (Hinweise auf der Verpackung beachten), wenn die Fläche aus Beton besteht. Trocknen lassen.

3 Mosaikstücke auswählen. Ablösen, wenn sie auf Stoff oder Papier sitzen.

4 Kleber anmischen (Hinweise auf der Verpackung beachten). Etwas Kleber auf einer kleinen Fläche auftragen. Nicht mehr auftragen, als für das Auslegen von Mosaikstücken innerhalb von 15 Minuten nötig ist, sonst härtet der Kleber aus. Handschuhe nicht vergessen.

Gummispachtel

Skizzen von Fadhil und Kadhim für das Mosaikmotiv.

Hannadi und Lehrerin Tina entscheiden sich für Rot beim Herbsttisch.

Der Kleber ist auf einer kleinen Fläche aufgetragen und Kadhim hat mit dem Auslegen der ersten Mosaikstücke begonnen.

5 Ein Mosaikstück auslegen und andrücken, damit es im Kleber haftet. Zwischen den Stücken muss etwas Zwischenraum vorhanden sein. Kleber oben auf Mosaikstücken vorsichtig mit einem Lappen entfernen. Kleber und Mosaik über die gesamte Fläche auslegen. Eventuel Mosaikzange verwenden. Alles bis zum nächsten Tag aushärten lassen.

6 Fugenmasse nach Anweisung auf der Verpackung anmischen und über die ganze Fläche mit dem Gummispachtel diagonal in alle Fugen verteilen. Einige Minuten trocknen lassen.

7 Überschüssige Fugenmasse mit einem gut ausgedrückten Küchenschwamm aufnehmen. Schwamm mehrmals ausspülen. Die letzten Reste mit einem trockenen Lappen aufnehmen. Mosaik mit Folie abdecken, dann trocknet die Fugenmasse langsam.

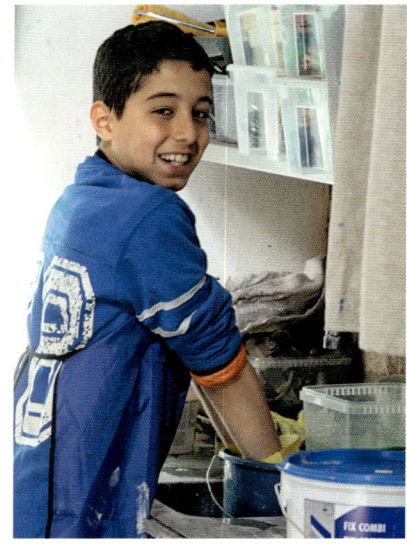

Die Gummihandschuhe werden vom Klebstoff klebrig, am besten ab und zu in einem Eimer abspülen. Wasser mit Kleber nicht in den Ausguss schütten. Den Eimer stehen lassen. Dann wird das Wasser klar und kann abgeschüttet werden. Der Bodensatz wird ausgekratzt und entsorgt.

Der Herbsttisch hat ein Backgammon-Brett als Mosaik.

Die Fugen des Mosaiktisches sind ausgehärtet. Khadim und Hannadi fühlen über die fertige Oberfläche.

Tischplatte aus Beton

Eine kleine Tischplatte aus Beton ist nicht schwer zu gießen. Am besten gießt man die Scheibe gegen ein Stück Sperrholz aus dem Baumarkt. Die Betonfläche, die am Holz gelegen hat, wird glatt und eben, perfekt zum Auslegen von Mosaik oder zur direkten Verwendung. Wichtig ist, dass die Form dicht und ohne Lücken ist, so dass Wasser aus dem nassen Beton nicht hinauslaufen kann. Will man ganz genau sein, einen Strang Silikon in alle Übergänge legen, dann werden die Kanten der Tischplatte leicht abgerundet.

Zur Verstärkung der Tischplatte kann aus Kaninchen- oder Putzdraht einbetoniert werden (im Baumarkt erhältlich).

Material
- Bretter- oder Sperrholzverschnitt
- Sperrholzplatte
- Feinbeton
- ein Stück Putz- oder Kaninchendraht, etwas kleiner als die Tischfläche
- Gewichte, z. B. Ziegelsteine

Werkzeug
- Zollstock
- Säge
- Schrauben und Schraubenzieher
- Kneifzange
- Eimer zum Mischen
- Maurerkelle oder Schaufel

1 Anleitung:
Rahmen aus Brettern oder Sperrholzstücken ausmessen, zusägen und zusammenschrauben. Holz, das flüssigkeitsaufnehmend erscheint, ölen oder lackieren, damit das Wasser nicht aus dem Beton gesaugt wird. Rahmen oben auf die Sperrholzplatte legen, Gewichte auflegen. Oder Rahmen und Platte von unten miteinander verschrauben.

2 Feinbeton schrittweise mit Wasser zu einem dicken Brei mischen. Eine Schicht von einigen Zentimetern Dicke in die Form gießen. Form vorsichtig schütteln, dann steigen die Luftblasen zur Oberfläche. Putznetz in den Beton eindrücken.

3 Form füllen, so dass die Tischplatte ca. 4 Zentimeter dick wird. Mit Folie abdecken und zwei bis drei Tage aushärten lassen. Während der ersten Stunden zwischendurch Folie anheben und mit Wasser besprühen.

4 Schrauben und Form entfernen. Die Tischplatte in Folie einpacken und noch ein paar Tage ruhen lassen.

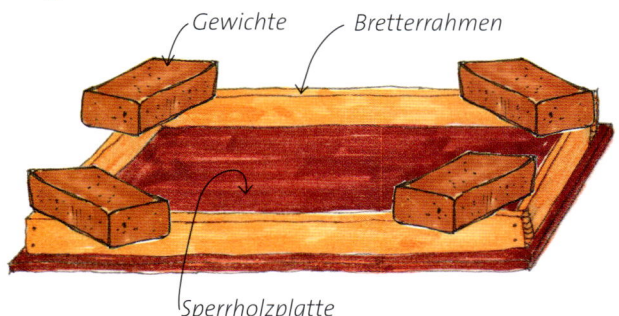

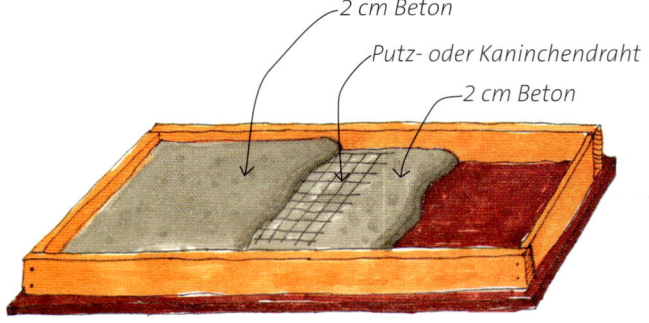

Mein Mosaiktisch besteht aus einer Sperrholzplatte als Unterlage und Mustern aus Teakleisten und Fliesenscherben. Die Platte ist nicht winterhart, so dass ich sie im Winter in den Schuppen stelle. Die Beine bestehen aus einem Nähmaschinenuntergestell aus Gusseisen.

Am Rande

Eine lose aufgestapelte Mauer aus gebrauchten Backsteinen als Abgrenzung und Platz für Töpfe.

Als ich mein kleines Haus in der Ebene von Schonen kaufte, hatte es zuvor über sieben Jahre leer gestanden. Der Garten war ein einziger Dschungel aus Disteln, Riesenbärenklau und hohem Gras. Als der Riesenbärenklau entfernt war, blieb ein Lehmacker zurück mit nichts als einer Weißdornhecke und einigen Bäumen.

In meiner ersten Vision sollte der Garten aus großen, lässigen Staudenbereichen, Ziergräsern und Büschen bestehen, dazwischen gemähte Graswege. Vorbild waren die Präriegärten des niederländischen Gartendesigners Piet Oudolf. Ich sah weiche, natürliche Übergänge zwischen den Graswegen und den buschigen, wilden Wiesenbereichen vor mir. Keine klaren Kanten und Grenzen, alles sollte in herrlich lässiger, wilder Einheit ineinanderfließen.

Zu der Zeit wusste ich nicht viel über Gartenpflege und dachte in meiner Naivität, dass ein wilder Garten leichter zu pflegen ist als ein traditioneller, mit klaren Grenzen zwischen Beeten und Wegen. Aber ich lag falsch, das Gras der Wege wuchs sofort in die Staudenbereiche. Kriechquecke und Ackerdistel wanderten ein, und schnell konnte man kaum noch zwischen Beeten und Wegen unterscheiden.

Der Garten wurde zu wild, zu unordentlich. Ich fing an, zu graben und neue Beete mit schön geschnittenen Rändern anzulegen. Jedes Ding an seinem Platz – Beete hier, Gras dort.

Jetzt, nach 25 Jahren, schwanke ich immer noch zwischen dem fließenden Ideal mit weichen Übergängen und den eher formalistischen, aber klaren Beetkanten. Und dabei bleibt es vermutlich, die Entscheidung ist einfach zu schwer!

Kanten aus Torfblöcken

Kanten aus Torfblöcken können etwas langweilig aussehen, wenn sie neu sind, bevor die Beetpflanzen darüber hängen. Baut man die Kante in feuchten, schattigen Bereichen, legt sich schnell Moos als weiche Decke über die Blöcke.

Schichtet man eine Kante mit mehreren Etagen, verlegt man die Blöcke im Verband, also versetzt, und nicht gerade übereinander. Einen kleinen Graben ausheben, so dass die erste Reihe Blöcke zu zwei Dritteln im Boden steht. Den Graben mit etwas Sand gründen und die Blöcke eine Zeitlang im Graben ruhen lassen. Die Kante kann man mit dem Messer oder der Säge ebnen. Die Kante mit trockenen Blöcken bauen. Wenn es dann regnet, quellen sie auf und die Mauer wird dichter. Ein Torfblock verrottet nach ca. zehn Jahren.

Hartgebrannte Keramikfliesen oder Ziegelsteine, schräg in den Boden gegraben, werden zu traditionellen Beetkanten mit schmückenden Spitzen. In England bezeichnet man diese Form als Dragon's tooth-edging, Drachenzahnkante. Etwa zwei Drittel des Steins müssen in den Boden, damit er solide steht. Am Beet einen schmalen Graben ausheben, die Platten hochkant setzen, Erde auffüllen und andrücken.

Alte Dachpfannen, hochkant gestellt, als Einrahmung für einen kleinen Kräutergarten. Der Rasen an der Kante muss mit dem Trimmer oder von Hand geschnitten werden. Ein Streifen Gartenvlies oder eingegrabene Teerpappe kann das Einwachsen von Gras ins Beet etwas verhindern.

Mit eingegrabenen Latten aus Lärchenholz können Kanten um runde Beete geschaffen werden.

Äste und Stämme vom Winterschnitt bilden die Kante zum Erdbeerbeet.

Kleiner Flechtzaun im Garten bei Ightham Mote in Südengland. Größere Aststücke mit gleichmäßigem Zwischenraum in den Boden rammen, mit geraden Hasel- oder Weidenruten flechten.

Auf dem Sockel

In meinem Garten habe ich eine Wildwiese und mittendrin einen Sockel. Eine merkwürdige Idee, könnte man meinen, aber ich mag es, wie der gemauerte Sockel plötzlich aus dem üppigen, hohen Gras aufsteigt. Ein Zusammentreffen zwischen Wildnis und Klarheit, zwischen Natur und menschlichem Schaffen.

Auf den Sockel stelle ich einen Topf mit Sommerblumen oder andere Dinge, die es verdienen, erhöht zu werden. Ich habe den Betonsockel aus Trommelsteinen verschiedener Länge aus dem Baumarkt gemauert. Man kann jedoch auch ganze oder halbe Steine verwenden, z. B. Ziegel. Jede Reihe besteht aus einem ganzen und zwei halben Steinen. Die Fugen werden versetzt, so dass die Steine über die gesamte Höhe nicht direkt übereinander liegen.

Ein aufrechter Mauerblock bildet den Sockel für eine Schale mit Hauswurz. Der Block hat eine Größe von 60 x 20 x 20 Zentimetern und ist im Beet eingegraben, damit er sicher steht. Oben habe ich einen großen Nagel eingeschlagen, der in das Entwässerungsloch der Schale reicht. So steht die Schale auch bei Sturm stabil. Verputzt habe ich den Block mit normalem Putz aus dem Baumarkt.

Gemauerter Sockel

Material
- Sand
- Betonplatte, 400 x 400 mm
- 1 Sack Maurer- oder Putzmörtel
- Betonsteine, Dicke 70 mm:
  14 St. 70 x 210 mm und 28 St. 105 x 140 mm
- 1 große Betonplatte oder mehrere kleine Stücke als obere Platte

Werkzeug
- Spaten
- Wasserwaage
- Eimer zum Mischen des Mörtels
- Maurerkelle oder kleine Schaufel
- Handschuhe

Anleitung:

1 Ich habe eine Grube von 0,5 x 0,5 Metern mit einer Tiefe von ungefähr 0,5 Metern ausgehoben. In die Grube habe ich 10 Zentimeter Sand gefüllt. Darauf wurde die Betonplatte 400 x 400 Millimeter aufgelegt und mit der Wasserwaage die waagerechte Lage kontrolliert.

2 Maurermörtel mit Wasser zu einem zähen Brei anrühren (Handschuhe nicht vergessen) und in ca. 5 Millimetern Dicke auf die Betonplatte aufgetragen. Danach habe ich die erste Schicht Betonsteine verlegt und angedrückt. Wieder Mörtel auftragen und ein bisschen in die senkrechten Fugen drücken. Danach wurde die zweite Schicht angedrückt und so weiter, abwechselnd gerade und ungerade. Mit der Wasserwaage kontrollieren, dass der Sockel einigermaßen senkrecht steht.

3 Die obere Platte besteht aus mehreren kleineren Platten, auf die ich ein Gewicht gelegt habe, während der Maurermörtel trocknete. Zuletzt wurde die Grube um den Sockel mit Sand aufgefüllt. Die kleine Terrakotta-Medaille ist mit einem Klecks Mörtel befestigt.

Eine dicke Marmorplatte auf einem alten, gußeisernen Mangelgestell wird zum hohen Tisch für schöne Kübel. Die Marmorplatte liegt durch ihr Eigengewicht stabil.

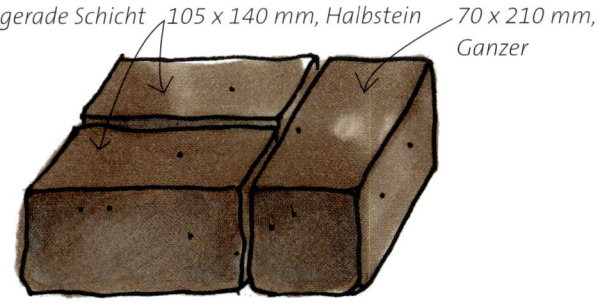

gerade Schicht — 105 x 140 mm, Halbstein — 70 x 210 mm, Ganzer

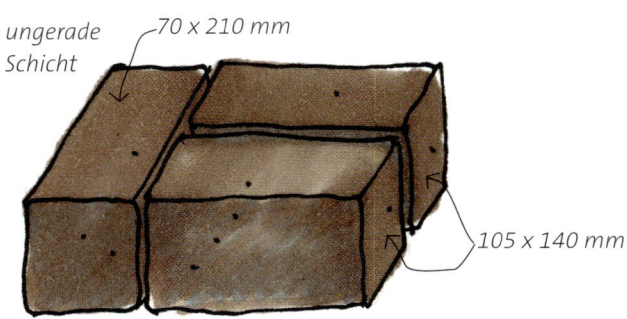

ungerade Schicht — 70 x 210 mm — 105 x 140 mm

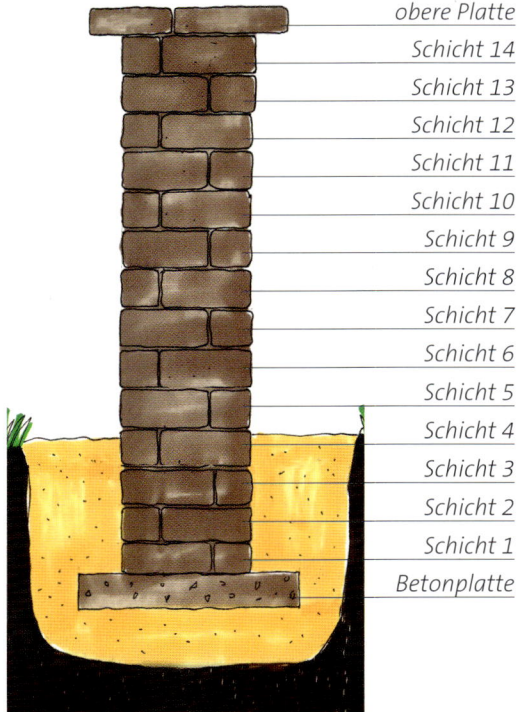

obere Platte
Schicht 14
Schicht 13
Schicht 12
Schicht 11
Schicht 10
Schicht 9
Schicht 8
Schicht 7
Schicht 6
Schicht 5
Schicht 4
Schicht 3
Schicht 2
Schicht 1
Betonplatte

BETONSOCKEL

Mit Schalungsrohren aus dem Baumarkt kann man runde Sockel verschiedener Größe und Höhe gießen. Die Pappröhren haben Durchmesser von 100 bis 300 Millimetern, meist in einer Länge von 1,2 Metern. Die Innenseite ist gewachst. Das Schalungsrohr in eine kleine Vertiefung stellen und den Sockel vor Ort an seinem Platz gießen. Für ein Schalungsrohr mit 1 Meter Länge und 200 Millimetern Durchmesser sind 2 Säcke mit 25 kg Feinbeton erforderlich.

MATERIAL
- Schalungsrohr aus Pappe
- Feinbeton

WERKZEUG
- Säge
- Maurerkelle oder kleine Schaufel
- Eimer zum Mischen
- Handschuhe

ANLEITUNG:

1 Das Schalungsrohr auf gewünschte Sockelhöhe absägen und an den Standort für den Sockel stellen. Feinbeton in den Eimer schütten. Schrittweise Wasser zugeben und zu einem zähen, dickflüssigen Brei rühren. In das Rohr schütten oder hinabkleckern lassen. Handschuhe nicht vergessen.

2 Mehr Beton anmischen, kräftig in das Rohr drücken und verdichten. Als Füllmaterial kann man Steine oder Stücke von Ziegelsteinen in die Mitte des Rohrs drücken.

3 Rohr bis oben füllen, Fläche mit der Maurerkelle glätten. In die Oberfläche kann ein dicker Nagel eingegossen werden. Setzt man dann einen Topf auf den Sockel, führt man den Nagel in das Entwässerungsloch am Topfboden – so steht er sicher.

4 Eine Plastiktüte über das Rohr ziehen und zwei Tage aushärten lassen. Pappohr mit Gießkanne oder Schlauch anfeuchten, dann kann es leichter abgerissen werden.

Bleiben Reste der Pappröhre und Beton übrig, können daraus runde Trittsteine gegossen werden! Stücke einer Gummimatte mit verschnörkeltem Muster haben Abdrücke im Beton hinterlassen.

Im August

Die Saat reift und in der Ferne rattern die Mähdrescher. Die Autotüren schlagen hinter Hecken – alle Sommergäste sind auf dem Weg zurück in die Großstadt.

Phlox, Astern und Malven des Spätsommers schaffen es nicht mehr, aufrecht zu stehen, sie sinken aus den Beeten und legen sich über Wege und Wiesen. Und die hochgewachsenen Rudbeckien fallen um, sobald der Regen kommt. Alle hohen Blumen des Spätsommers brauchen Stützen.

Statt grünlackierter Metallbögen aus dem Großmarkt stelle ich einfache Pflanzenstützen aus geraden Ästen und biegsamen Zweigen her. Durch den Ast bohre ich zwei Löcher, so dass der Zweig eingefädelt werden kann und eine Öse bildet. An das dünne Ende des Zweigs mache ich einen Knoten, so dass er nicht wieder herausrutschen kann. Das untere Ende des Astes spitze ich mit Messer oder Axt an und ramme ihn in den Boden, so dass er stabil steht.

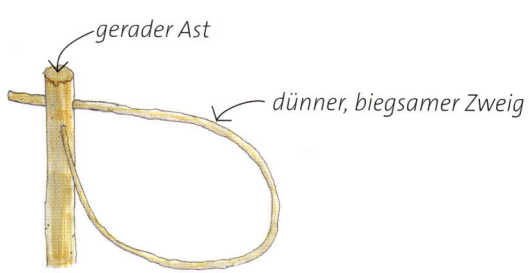

Gekreuzte, dünne Bambusstäbe können als Stütze für Herbst-Anemonen ausreichend sein.

Stäbe und Naturschnur halten die hochgewachsenen Rudbeckien aufrecht.

In Bastelgeschäften gibt es leichte Aluminiumstangen, die mit der Hand gebogen werden können. Ein Stück Rundstab zu schönen Haken und Ösen biegen.

Zweige und Reiser vom Frühjahrsschnitt wurden als Stütze für die hohe Schafgarbe zu einer Kugel geformt.

Drei lange Stäbe und ein kürzerer bilden das Gerüst, weiches Hanfseil darf in lockeren Bögen hängen.

Fantasievolles mit Hasel

Frische Hasel kann leicht zu verschiedenen Figuren gebogen und mit einer Astschere geschnitten werden. Ich lasse meiner Fantasie freien Lauf und schaffe viele unterschiedliche Pflanzenstützen.

Gerade Haselruten können bestellt, selbst geschnitten oder im Gartenhandel gekauft werden. Hasel aus Natur und Garten ist häufig etwas gewunden. Ich achte darauf, die natürliche, geschwungene Form der Zweige zu nutzen. Bei der leiterähnlichen Stütze ist die nach oben abnehmende Form zum Beispiel reizvoll.

Material
- Weidenruten verschiedener Dicke
- Stahldraht (am besten grün)

Werkzeug
- Astschere
- Flachzange
- Kneifzange

Anleitung:
Die Haselruten mit Stahldraht verzurren. Fest anziehen! Sonst lockert sich der Draht, weil die Zweige beim Trocknen schrumpfen. Die unteren Enden der Stütze einige Zentimeter im Boden versenken, damit sie stabil steht. Am besten baut man die Pflanzenstütze direkt dort, wo sie stehen soll.

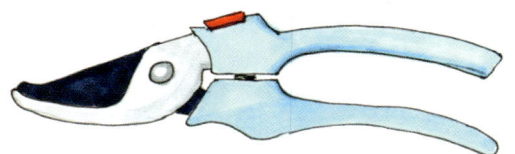

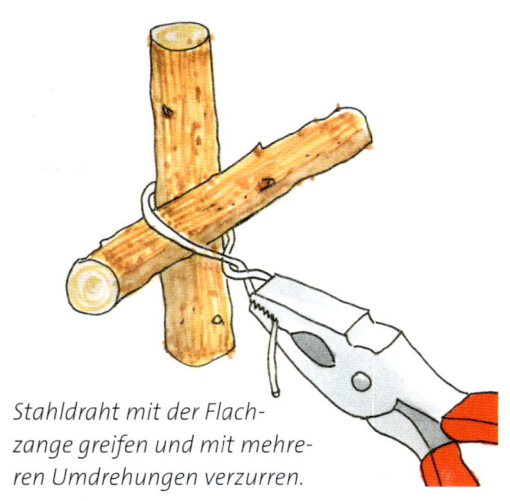

Stahldraht mit der Flachzange greifen und mit mehreren Umdrehungen verzurren.

Das kleine Herz besteht aus zwei dünnen Haselruten, die mit Stahldraht verbunden sind.

Diese steingefüllten, gewundenen Gräben, die Muster im Rasen bilden, werden Liebesknoten genannt. Die 30 Zentimeter tiefen, v-förmigen Gräben werden für das Regenwasser angelegt. Bei heftigen Wolkenbrüchen läuft das Wasser in die Gräben und kommt den Graswurzeln zu Gute, statt in die Kanalisation zu laufen. Der Liebesknoten wurde für eine Ausstellung des Vereins „Garten als Lebensraum", Trädgården som Livsrum, angelegt.

Wasser

DIE HITZE STEHT über dem Garten, seit Wochen ist nicht ein Regentropfen gefallen. Der Rasen ist gelb und trocken, die Stauden und Büsche sind schlapp.

Da öffnet sich plötzlich der Himmel und der Regen prasselt herab. Die Regentropfen prallen vom Boden ab, überall bilden sich Pfützen und Rinnsale.

Wie belebend ist doch so ein richtiger Wolkenbruch, denke ich. Der Boden jedoch ist trocken und hart, er kann nicht das ganze Wasser aufnehmen, das stattdessen in den Graben und weiter in die Kanalisation läuft. Und in den Pfützen verdunstet das Wasser, bevor es an die Wurzeln der Pflanzen gelangt. Ich stelle Unmengen Eimer und Gefäße auf den Rasen, denn jetzt gilt es, so viel Regenwasser wie möglich zur Bewässerung der Beete zu sammeln. Direkt nach einem Schauer, wenn der Regen die trockene Erdoberfläche ein bisschen gelockert hat, ist das Gießen am effektivsten.

Extremere Wetterlagen mit langen Trockenperioden und intensiven Wolkenbrüchen sind vermutlich etwas, an das wir uns wegen des Klimawandels gewöhnen müssen. Regenwasser muss zum Gießen bei Trockenheit aufgefangen werden. So erreiche ich eine gleichmäßigere Bewässerung des Gartens. Ich besitze einen eigenen Brunnen und muss mit Trinkwasser sparsam umgehen, meist gieße ich mit Regenwasser. Meine Dachfläche beträgt etwa hundert Quadratmeter. Auf ihr landen in einigen Stunden ca. fünfhundert Liter Wasser, auch wenn es nur leicht regnet. Das Wasser einer vollen Tonne reicht für ganze zwanzig Gießkannen.

Auch wenn man, wie eigentlich jeder, Zugang zur kommunalen Wasserversorgung hat, kann es sich wie Ressourcenverschwendung anfühlen, den Garten mit Trinkwasser zu gießen. Außerdem enthält das Wasser aus der öffentlichen Versorgung oft Chlor und Fluor, das viele Pflanzen nicht mögen.

Verkleidung für die Regentonne

Die Regentonne ist die einfachste Art, Regenwasser zu sammeln. Tonnen aus Kunststoff sind einfach und preiswert, aber nicht besonders schön. Mit Lochband und etwas Holz kann man für die Plastiktonne ganz leicht eine Verkleidung bauen.

> **Material**
> - Lochband
> - 45 mm breite Bretter (21 mm dick), etwas länger als die Höhe der Plastiktonne
> - warmverzinkte, kurze Schrauben
> - Leinöl, Pinsel und Lappen
>
> **Werkzeug**
> - Maßband
> - Blechschere
> - Schraubenzieher

Anleitung:

1 Umfang der Plastiktonne mit dem Maßband ausmessen, ein paar Zentimeter zugeben. Hat die Tonne einen Umfang von 1500 Millimetern und eine Breite von 45 Millimetern, werden 36 Bretter benötigt.

2 Alle Holzteile mit Leinöl behandeln, die Kurzenden nicht vergessen. Einige Stunden trocknen lassen und dann Öl, das nicht ins Holz eingezogen ist, abtrocknen. Die Lappen in Wasser lagern, Brandgefahr!

3 Holzstücke auf einer ebenen Unterlage eng nebeneinander auslegen. Ein langes Kantholz unten hinlegen, so dass sich alle Stücke in einer Linie befinden. Mit der Blechschere zwei Stücke Lochband zuschneiden und quer über den Brettern festschrauben. Zwei Schrauben in jedes Brett eindrehen.

4 Die Konstruktion hochheben und prüfen, ob sie um die Tonne passt. Vielleicht sind weitere Bretter notwendig. Das überstehende Lochband an beiden Seiten zur Befestigung nutzen.

5 Verkleidung zu einem Zylinder formen, mit den Enden der Lochbänder befestigen.

Aus Brettern und Lochband kann man auch Über-töpfe für hässliche Plastikkübel herstellen.

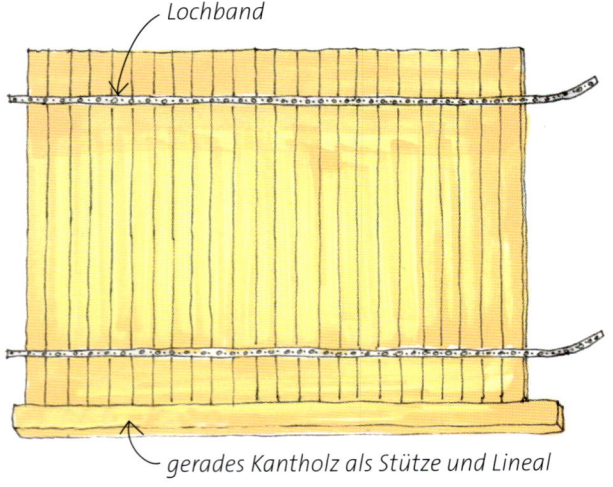

Lochband

gerades Kantholz als Stütze und Lineal

Bodenbelag

Hier stellen wir die Gartenmöbel auf, dachte ich spontan, als wir in das Haus mit dem großen Garten zogen. Hier, unter dem ausgewachsenen Apfelbaum, war der ideale Platz zum Verweilen. Daraus wurde jedoch nichts. Die Gartenmöbel landeten auf der anderen Hausseite, an der Abendsonne, Schutz vor dem Westwind und Nähe zur Küche.

Die Entfernung und die Verhärtung der Fläche sollten den Platz bequemer und eingerahmter gestalten. Wir überlegten lange, wofür wir uns entscheiden sollten – Kalkstein, Kies, Betonplatten oder Fliesen? Oder eine Kombination verschiedener Materialien? Schließlich gaben wir den Auftrag an meinen zwanzigjährigen Sohn weiter: Design, Planung und Ausführung einer fünfzig Quadratmeter großen Terrasse.

Nach ein paar Sommerwochen war der große Außenboden fertig. Ein farbenfroher, bemerkenswerter Belag aus gebrauchten Fliesen, selbst gegossenen Betonplatten und fertig gekauften, grauen Platten. Ein Terrassenboden, der schnell trocknet, die Sonnenwärme speichert, sich beim Gehen schön anfühlt und ein einzigartiges Design zeigt. In der Mitte ein Rondell aus Pflastersteinen, perfekt, um Töpfe darauf zu stellen.

Betonplatten selber giessen

Das Gießen von Betonplatten ist nicht schwer. Man kann eine einfache Form aus Holzstücken zusammennageln oder viereckige Plastikbehälter verwenden. Am besten kauft man Säcke mit Feinbeton (Fertigmischung Zement + Sand) im Baumarkt. und gibt nur noch Wasser zu. Ein Sack mit 25 Kilo reicht für 5 Platten 30 x 30 Zentimeter mit einer Dicke von 5 Zentimetern. Will man viele Platten gießen, ist es billiger, Zement und Sand separat zu kaufen und im Verhältnis 1:3 zu mischen, also ein Teil Zement und drei Teile Sand.

Material für unsere Terrasse
- Sperrholzplatte, 2,4 x 1,2 m
- Folie auf der Rolle
- Silver Tape
- Holzreste
- Schrauben
- Gewichte (Steine)
- Spannband
- Feinbeton
- Flüssigpigmente

Werkzeug
- Zollstock
- Säge
- Schraubenzieher
- Betonmischer oder Kübel und Maurerkelle
- Maurerkelle
- Handschuhe

In einige Betonplatten haben wir Spiegel eingesetzt, die Stücke wurden umgedreht in die Form gelegt.

Anleitung:

1 Mehrere Platten gleichzeitig werden in einem „Gitter" aus Sperrholz gegossen, das wir oben auf die Sperrholzplatte aufgelegt haben. Wir gossen mehrere Male Platten in der Form. Und damit wir das Sperrholz nicht reinigen mussten, haben wir es mit Folie bedeckt, die wir zwischen den Gießvorgängen ausgewechselt haben.

2 Ein Spannband und Gewichte darauf machten die Form stabil. In einigen Vierecken befestigten wir mit Sprühkleber Laub für Abdrücke im Beton.

3 Für ein so großes Betonprojekt ist ein Betonmischer am besten geeignet, den man im Maschinenverleih mieten kann. Hinweise auf den Betonsäcken beachten!

Mischt man von Hand, werden einige Liter Feinbeton in einen Behälter geschüttet, schrittweise Wasser zugegeben und ein zäher Brei angemischt, der nicht läuft, aber auch nicht krümelig ist. Handschuhe nicht vergessen!

4 Um Beton rot oder gelb zu färben, Flüssigpigment aus dem Farbengeschäft verwenden. Die Farbe schwächt der Beton etwas, am besten nicht mehr als sechs Prozent Pigment einmischen. Wir haben es nach Gefühl gemacht und das Pigment direkt in den nassen Beton gemischt.

5 Wichtig ist, den Beton in der Form gut zu verdichten, damit so viele Luftblasen wie möglich entweichen. Wir haben Platten mit einer Dicke von ca. fünf Zentimetern gegossen.

6 Die Formen habe wir mit Folie abgedeckt und die Platten zwei Tage aushärten lassen. Mehrmals haben wir die Folie angehoben und den Beton gewässert. Beton, der langsam aushärtet, wird stabil und hat keine Risse.

Selbst gegossene Betonplatten mit einbetonierten Fliesenscherben in einem Garten auf Bali. Normale Fliesen brechen beim Frost der nordischen Breitengrade, hartgebrannte Kacheln sind jedoch gut geeignet. Die Kachelscherben umgedreht in die Form legen, bevor der Beton hineingegossen wird.

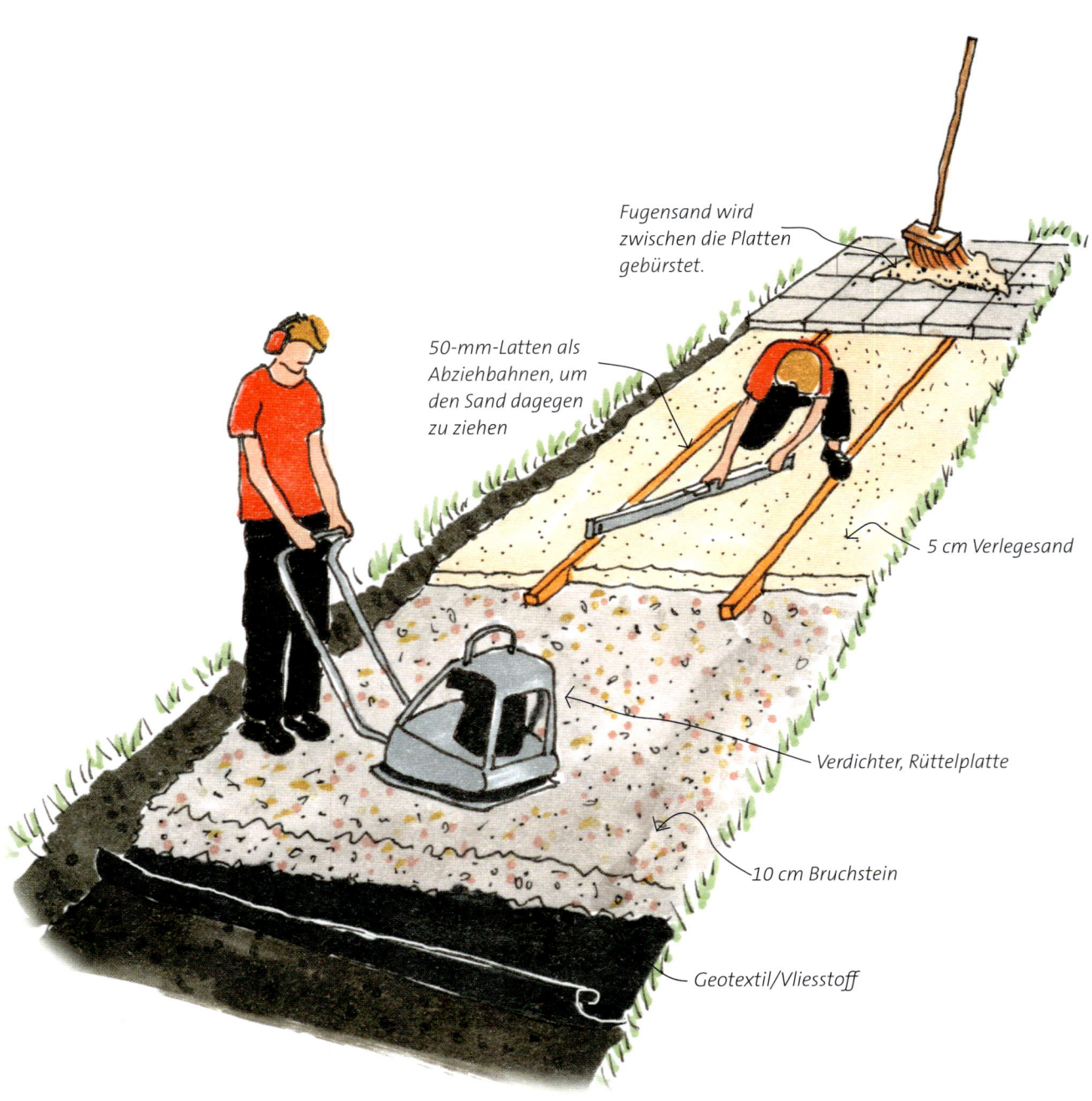

Platten verlegen

Material
- Maßband und Markierungsstäbe
- Geotextil oder Vliesstoff
- Tragschicht aus Bruchstein
- Verlegesand
- lange Latten, 50 mm, für die Abziehbahnen
- Fugensand

Werkzeug
- Bagger als Mietgerät oder Spaten
- Rüttelplatte oder solide Schuhe und viel Geduld, wenn die Fläche nicht so groß ist
- Wasserwaage
- Gummihammer
- Bürste

Anleitung

1 Außenplatz ausmessen und mit Stäben markieren (wir haben etwa 10 Zentimeter rundum zugegeben).

2 Das Ausgraben von 20 Zentimetern der stark verdichteten Erde von Hand wäre zu langwierig gewesen. Deshalb haben wir beim Maschinenverleih einen Bagger gemietet, der auch die ausgehobene Erde abtransportierte. Auf dem nackten Boden haben wir Geotextil verlegt, so dass Lehmboden nicht in die Tragschicht eindringen konnte.

3 Wir haben mit einer 10 Zentimeter dicken Tragschicht aus Bruchstein (0–3 Millimeter) aus dem nächsten Kieswerk gegründet. Mit einer langen Wasserwaage haben wir bereits jetzt versucht, eine leichte Neigung (ca. 1 Zentimeter pro Meter) anzulegen, die vom Haus wegführt. Dann wurde die Tragschicht für die erforderliche Stabilität mit einer Rüttelplatte verdichtet. Kleinere Flächen können gewässert und sorgfältig mit den Füßen bearbeitet werden.

4 Jetzt wurde der Verlegesand mit einer Dicke von 5 Zentimetern ausgelegt. Erst haben wir etwa 5 Zentimeter lange Latten zum Abziehen des Sands verlegt. Dann haben wir sorgfältig auf die richtige Neigung geachtet. Die Abziehbahnen können nach Bedarf versetzt werden. In die Abdrücke Sand füllen.

5 Danach wurden die Platten verlegt. Mit Hilfe der Bretter, der Wasserwaage und des Gummihammers kamen die Platten in die richtige Höhe, auch wenn nicht alle dieselbe Dicke hatten. Eine Fuge von 3 Millimetern zwischen den Platten ist ausreichend. Waren alle Platten am Platz, wurde Fugensand ausgefegt.

Wildkraut in Fugen

Wildkraut in Fugen und Rissen ist kaum zu vermeiden. Möchte man kein Wildkraut zwischen den Fugen haben, kann man sich für eine Hartfuge entscheiden, die eingebürstet wird und nach dem Wässern zu einer harten Fuge aushärtet, in der nichts wächst.

Recycling

PFLANZEN KANN MAN in alles setzen. Waschschüsseln, Blechdosen, ausrangierte Kochtöpfe, kaputte Gießkannen – alles bietet Platz für etwas Erde, in der Pflanzen wachsen können. Behälter und Gefäße, die in der Küche nicht mehr verwendet werden, können mit Sonnenblumen gefüllt und in den Garten gestellt werden. Sie werden zu fantasievollen, persönlichen Arrangements. In meiner Junk-Style-Ecke wachsen Hauswurz und Sommerblumen in großen Konservendosen, alten Kaffeekannen, Farbeimern und rostigen Tonnen.

Am Boden der Pflanzgefäße die Entwässerungslöcher nicht vergessen, damit überschüssiges Wasser abfließen kann. Blumenerde guter Qualität verwenden und regelmäßig düngen, dann fühlen sich Pflanzen in allen Gefäßen wohl. Nicht vergessen, dass kleine Töpfe schnell austrocknen und gegossen werden müssen.

Recycling-Bepflanzung in Plastikflaschen und Plastikdosen im Hort Park, Singapur.

Entwässerungslöcher herstellen

In Waschschüsseln und Konservendosen aus Blech kann man mit dem Hammer und einem kräftigen Nagel Löcher in den Boden schlagen. In Kochtöpfe mit dicken Böden bohrt man mit dem Metallbohrer bei mittlerer Geschwindigkeit ein paar Löcher. Bohrer mit Maschinenöl schmieren, dann wird er nicht zu heiß. Mit einem Fliesenbohrer können Löcher ausgezeichnet in Keramikgegenstände gebohrt werden. Die Stelle, an der gebohrt werden soll, erst mit Klebeband überkleben, dann rutscht der Bohrer nicht ab.

Emaillierte Kaffeekannen mit Fleißigen Lieschen als charmantes, unprätentiöses Arrangement.

Konservendosen und Farbeimer erhalten neues Leben als Blumenkübel im Garten. Nach einigen Jahren im Freien fängt der Boden an, durchzurosten, dann landen die Büchsen in der Metallverwertung.

Körbe mit Blumen oder Gemüse bilden einen schönen Blickfang im Garten, man muss allerdings damit rechnen, dass sie nicht so viele Jahre halten. Körbe mit Plastikinnenseite halten länger. Die Entwässerungslöcher am Boden der Folie nicht vergessen, so dass überschüssiges Wasser ablaufen kann.

Farbenfroher Blickfang: Rotlackierte Ölfässer mit knalligen Pelargonien.

Die cremefarbene Serie Emailtöpfe von Kockums mit grünem Rand war in den 50er-Jahren sehr beliebt. Heute findet man sie als Sammlerobjekte auf Auktionen und Flohmärkten. Im Garten werden sie zu robusten Töpfen mit Retro-Touch.

Warm anziehen

ES GIBT MENSCHEN, die den Herbst lieben. Ich gehöre nicht dazu. Natürlich liebe ich Apfelduft, Kaminfeuer und leuchtend rotes Ahornlaub, aber ich finde trotzdem, dass der Herbst melancholisch ist. Das Licht zieht sich zurück und die Kälte kommt erbarmungslos herangeschlichen. Natur und Garten gehen in den Ruhezustand über. Das lange Warten auf das Frühjahr beginnt.
Gut ist jedoch, dass der Herbst nicht so arbeitsintensiv wie der Frühling ist. Es ist Zeit, sich im Garten zu beschäftigen. Zeit für schöne Arrangements und spannende Projekte, die überhaupt nicht nützlich sein müssen. Das Setzen von Frühlingsblumen und die Überlegungen, wie die Anpflanzungen für den nächsten Sommer aussehen, erfüllt mit Hoffnung. Denn trotz allem ist der Herbst doch die Mutter des Frühlings.

HANF, JUTE UND ANDERE NATURFASERN

Hanf zählt zu unseren ältesten Kulturpflanzen. Seine langen, starken Fasern werden seit Menschengedenken für Seile, Stoff, Säcke und Segeltuch verwendet. Hanfschnur ist weich und biegsam und hält ein paar Jahre im Garten. Geteerte Hanfschnur ist viel länger haltbar. Hanfschnur erkennt man sofort, weil sie nach Heu und etwas muffig riecht.

Sisal ist die Faser einer Tropenpflanze, der Agave sisalana. Die Fasern der langen Blätter werden zu Seilen, Tauen und Teppichen verarbeitet. Sisalschnur ist die traditionelle Schnur zum Binden der Ähren und gut als Gartenschnur geeignet.

Jute ist eine Pflanze der Malvenfamilie mit langen, weichen Fasern, die aus den Stängeln gewonnen werden. Sie wird ohne Kunstdünger und Pflanzenschutzmittel angebaut. Bei der Verarbeitung wird viel Öl als Schmiermittel verwendet. Deshalb meint mancher, dass Juteschnur und Jutestoff nach Autowerkstatt riechen. Jutestoff (Sackstoff) kann als Abdeckung gegen Frost und zu viel Sonne verwendet werden.

Kokosschnur und -stoff werden aus den Fäden an den Kokosnüssen gesponnen. Sie vertragen den Einsatz im Freien gut. Kokosstoff kann als Abdeckung bei Frost verwendet werden.

Korb aus blauer und weißer Paketschnur. Die Kanten habe ich mit vier Luftmaschen gehäkelt, eine feste Masche übersprungen und die Häkelnadel in die nächste stechen.

Direktpflanzung im Jutesack. Der Jutesack verrottet beim Kontakt mit der nassen Erde und hält vielleicht nur eine Saison.

Gehäkelter Überkorb aus Schnur

Das Häkeln mit dicker Schnur und dicken Nadeln geht schnell – perfekt für alle, die schnelle Resultate lieben. Schnur aus Naturfasern ist im Hobbyladen, Schiffsbedarf und in gut sortierten Baumärkten erhältlich.

MATERIAL
- Garnknäuel aus grobem Hanf, Jute, Sisal oder anderer Naturfaser

WERKZEUG
- Häkelnadel Nr. 10
- Schere

Jutesäcke, Beschattungsstoff aus Jute und grobes Leinen sind gute Materialien, um hässliche Plastiktöpfe zu verbergen. Jutestoff ist im Gartenhandel, grobes Leinen in gut sortierten Stoffgeschäften erhältlich.

Alte Jutesäcke kann man auf dem Flohmarkt finden, es werden jedoch auch neue hergestellt. Diese Naturmaterialien sind für den Einsatz im Freien für begrenzte Zeit geeignet.

Zierkohl mit einem Häkelkorb aus Jutegarn. Der kleine Korb mit Äpfeln ist aus Hanfschnur gehäkelt.

ANLEITUNG:

1 Mit dem Korbboden beginnen. Sechs Luftmaschen häkeln und zu einem kleinen Ring verbinden. Um den Ring sechs feste Maschen häkeln. In jeder Reihe einige zusätzliche Maschen gleichmäßig verteilt über die Runde aufnehmen, so dass eine runde Platte entsteht (eine Zusatzmasche ist eine Masche, für die in dasselbe Loch wie für die vorherige gestochen wird). Darauf achten, dass sich der Boden weder wölbt (zu wenig Zusatzmaschen) noch wellt (zu viele Zusatzmaschen).

2 Ist der Boden groß genug für Topf und Untersetzer, werden feste Maschen ohne Zusatzmaschen gehäkelt, bis der Korb etwas höher ist als der Topf.

Stellt man einen Topf ohne Untersetzer direkt in einen solchen Korb aus Schnur, lässt das überschüssige Gießwasser die Schnur schnell verrotten. Möchte man keine Töpfe mit Untersetzer verwenden, kann der Korb ohne Boden gehäkelt werden. Dann müssen so viele Luftmaschen gehäkelt werden, dass sie um den Topf passen. Dann als großen Ring in die Höhe arbeiten. Mit festen Maschen fortsetzen, bis der Korb ausreichend hoch ist. Bei einem konischen Topf können in jeder Runde einige Zusatzmaschen eingehäkelt werden, so dass der Korb oben weiter als unten wird.

Blumige Schubkarre

Mit einer Plastikschablone und etwas Farbe wird die langweilige Schubkarre zum individuellen Einzelstück.

Material
- Schubkarre
- Plastikschablone, selbstklebend oder aus steifem Plastik, z. B. DIN A4-Sichthülle
- Sprüh- oder Hobbyfarbe für den Außenbereich in verschiedenen Farben

Werkzeug
- Skalpell oder scharfes Teppichmesser/ Kartonmesser

Anleitung:

1 Die Schablone vorzeichnen und mit Skalpell oder scharfem Teppichmesser ausschneiden.

2 Die Schubkarre muss sauber und trocken sein. Die Unterseite komplett sprayen oder lackieren, trocknen lassen. Flächen, die nicht lackiert werden, abkleben

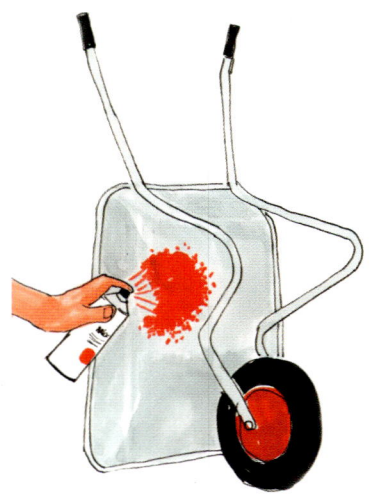

3 Schablone ankleben oder mit Klebeband befestigen und sprühen oder lackieren. Schablone sofort entfernen, Farbe aber vor dem nächsten Muster trocknen lassen.

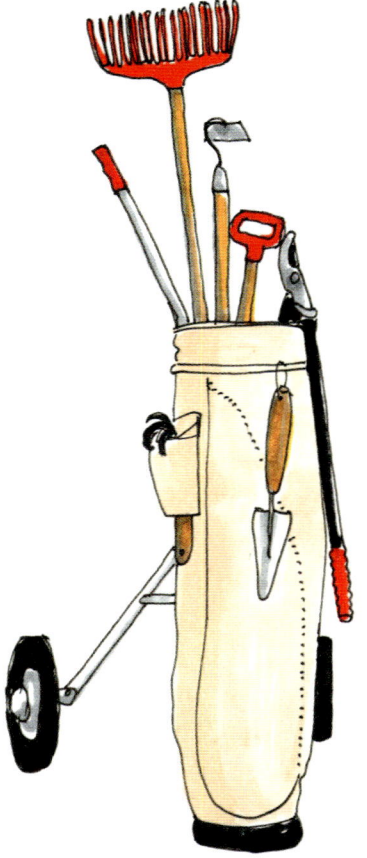

Eine ausrangierte Golftasche mit Rädern als praktischer „Garten-Caddy".

Vor dem Winter

Plötzlich segelt gelbes Laub durch die Luft. Die Morgen sind kühler und Hagebutten leuchten in den Gartenbüschen.

Ein Schwarm Bergfinken auf dem Weg nach Süden macht Zwischenstation auf dem Rasen und plantscht im Wasser, als er das Vogelbad entdeckt. Ich harke Laub unter dem Apfelbaum und merke, dass die Schwarzdrosseln das letzte Fallobst verzehrt haben. Und als ich einen umgedrehten Topf zur Seite räumen will, sehe ich, dass eine Kröte eingezogen ist. Mein Garten gehört mir nicht allein. Hier leben viele andere Lebewesen, groß und klein, die essen, sich wohlfühlen, Behausungen bauen und überwintern. Was für mich ein persönliches Hobby ist, bedeutet für andere eine natürliche Lebensumgebung.

Gern möchte ich den Vögeln beim Überwintern helfen. Schon Ende September hänge ich Talgknödel und Kokosnüsse für Blaumeisen und Kohlmeisen auf. Aus Kaninchendraht stelle ich einfache Vogelfutterkörbe her. Viele Vögel halten sich gern mit ihren Krallen an den Netzmaschen fest, während sie picken.

Die Dunkelheit verjage ich mit einfachen Kerzen in Ständern aus Konservendosen und Bewehrungsstäben.

Apfelhälften sind ein gutes Winterfutter für Schwarzdrosseln.

Vogelfutterkorb

Material und Werkzeug
- Kaninchendraht
- grober Stahldraht
- Kneifzange

1 Aus Kaninchendraht ein Rechteck schneiden und zum Zylinder formen. Mit den ausgeschnittenen Maschen des Netzes oder mit Stahldraht verbinden.

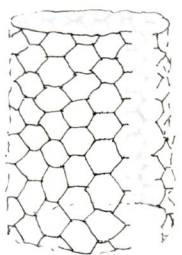

2 Öffnung oben zusammendrücken, bis der Korb einen Hals bekommt, mit einem Stück Stahldraht verschnüren.

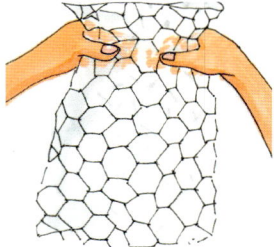

3 Ein Stück groben Stahldraht um den Hals ziehen und zum Kreis verbinden. Eine lange Öse Stahldraht am Hals befestigen, so dass der Korb an einen Ast gehängt werden kann.

Einfacher Futterautomat aus einer Plastikflasche und ein paar Holzkochlöffeln.

Räumen Sie den Garten nicht zu sehr auf! Verwahren Sie einen anständigen Reisighaufen für Igel zum Überwintern.

Drei Kleiderbügel, drei Kränze

Ein Drahtkleiderbügel bildet ein preiswertes, einfaches Gerüst für Herbstkränze. Befestigungen zum Aufhängen kann man kaufen. Den Kleiderbügel zum Kreis biegen und unten mit der Kneifzange aufschneiden. Äpfel oder Herbstlaub auffädeln, die Bügelenden mit Stahldraht verbinden.

    Hagebuttenkranz: Kleiderbügel zum Herz formen, aber nicht aufschneiden. Kleine Zweige mit Hagebutten pflücken, in der Natur oder im Garten. Die Hagebuttenzweige zu kleinen Sträußen zusammenfassen und mit Bindedraht aus dem Blumenhandel verzurren.

Kerzenleuchter

Material
- kleine Konservendose, gern mit Goldinnenseite
- ein Stück Rundstab (Pinselstiel)
- Bewehrungseisen, Länge 1 m, Durchmesser 8 mm
- 1 Schraube
- Farbe für den Außenbereich
- großes Teelicht

Werkzeug
- Säge
- Bohrmaschine, Bohrer 9 mm
- Holzbohrer
- Ahle

Anleitung:

1 Rundstab auf die Länge von ca. 5 cm kürzen. In ein Ende des Rundstabs ein Loch mit ein paar Zentimetern Tiefe bohren.

2 In den Boden der Konservendose ein Loch bohren. Mit einer Schraube auf dem Rundstab befestigen.

3 Den Bewehrungsstab in das gebohrte Loch stecken. Kerzenhalter anmalen und in den Boden stecken. Ein großes Teelicht entzünden und in die Dose setzen.

Halter aus Beton für grosse Teelichter

In eine meiner selbst gegossenen Betonschalen stelle ich ein großes Teelicht und dekoriere mit schönen Steinen.

Material
- 2 Plastikschalen verschiedener Größe
- Sand
- Feinbeton
- Schmirgelpapier

Werkzeug
- Eimer zum Mischen
- Schaufel oder Glättkelle zum Mischen

Anleitung:

1 Feinbeton mit Wasser zu einem zähflüssigen Brei mischen und einige Zentimeter in die größere Schale gießen.

2 Die kleinere Schale mit Sand füllen und auf den Beton in die Mitte der größeren Schale stellen. Beton in den Zwischenraum der Schalen füllen. Falls nötig, mehr Beton anmischen, aber nicht bis oben hin auffüllen. Es ist praktisch, einen kleinen Rand für die Finger zu haben, um die Plastikschalen abzuziehen. An die Außenschale klopfen, so dass der Beton etwas schwappt und die Luftblasen an die Oberfläche steigen.

3 Wenn die innere Plastikschale aufschwimmt, mehr Sand oder Steine auflegen. Nochmals kontrollieren, dass die kleinere Schale nicht verrutscht ist, justieren und den Beton unter einer Plastiktüte zwei Tage aushärten lassen.

4 Alles wenden, Sand ausschütten und die innere Plastikschale abziehen. Die Außenschale rundum dehnen, damit Luft zwischen Plastik und Beton gelangt. Form umdrehen und die Betonschale herausschütteln. Sitzt die Form fest, in warmes Wasser stellen. Dann dehnt sich das Plastik aus und die Betonschale löst sich. Kante mit Schleifpapier glätten.

Sand

Salatschüsseln verschiedener Größe

Beton